# Traumzeit-Erzählungen der Aborigines

# Traumzeit-Erzählungen der Aborigines

Gesammelt und aufgezeichnet
von Piet Bogner

Herausgegeben
von Heiner Uber

Mit Zeichnungen nach Felsbildern
der Aborigines von Piet Bogner

Mosaik

in der Verlagsgruppe Bertelsmann GmbH / 5 4 3 2 1
Umschlaggestaltung: Design Team München
Umschlagmotiv: The Image Bank / Thomas Schmitt
Textredaktion: Annette Baldszuhn
Satz: Filmsatz Schröter GmbH, München
Druck und Bindung: Claussen & Boss, Leck
Printed in Germany · ISBN 3-576-11280-4

# Inhalt

# Bahlu, der Mond, und Yurlunggur, die Regenbogenschlange

*Ein Vorwort von Heiner Uber*

»Wirinun«, so nennen die Aborigines, Australiens Ureinwohner, ihre Zauberer, Magier und Hellseher. Es sind Eingeweihte, die genaue Kenntnis davon haben, wie mit Elementarwesen und Naturgeistern umzugehen ist, wo sie wohnen, was sie erzürnt, wie sie zu beruhigen sind. Wirinun sind die Bewahrer der Stammesmythen und der Heilkunde, sie sind die Mittelsmänner zwischen den Menschen und der Geisterwelt. Eine wichtige Aufgabe – ist doch für die Aborigines die gesamte Natur, ob Stein, Wind oder Wasser, von Seelen bewohnt. Eine wichtige Aufgabe aber auch, weil die Menschen selbst von Tieren und Pflanzen abstammen und eine intakte Rückverbindung zu diesen Ahnen lebensnotwendig ist.
Die Erzählungen der Aborigines handeln deshalb von und in der als »Traumzeit« bezeichneten Schöpfungsphase: Als nach einer großen Flut »Bahlu«, der Mond, im Auftrag des »Ursprungs aller Geheimnisse« die ersten Menschen aus Pflanzen erschuf. Hüter dieses Ursprungs aller Geheimnisse ist »Yurlunggur«, die Regenbogenschlange. Wir werden ihr

immer wieder in den Erzählungen aus der Traumzeit begegnen. Für die Aborigines haben alle diese Geschichten einen ganz pragmatischen Zweck: Sie sind ein Kodex im Umgang mit den Geistern, und sie erklären dem Menschen seine mythische Herkunft. Anders als wir es von unseren Märchen gewohnt sind, die von einem Ereignis über das nächstfolgende bis zu einem Ende erzählt werden, kennen diese Traumzeit-Geschichten weder einen Anfang noch ein Ende. Gleich einem endlosen Band fließen sie dahin, gehen ineinander über, ver- und entflechten sich wieder, brechen manchmal abrupt ab, um wie ein unterirdischer Wasserlauf an anderer Stelle wieder aufzutauchen. Es ist wie beim Erklären eines Bildes: Man kann da oder auch dort anfangen, man kann von rechts nach links, von oben nach unten, von innen nach außen wandern oder auch alles in entgegengesetzter Richtung angehen.
Die Traumzeit-Erzählungen gehören mit zu den ältesten Überlieferungen der Menschheit. Seit rund zehntausend Jahren werden sie während der Einweihungsrituale von jedem Wirinun mündlich an seinen Nachfolger weitergegeben. Eine Niederschrift in unserem Sinn erfolgte nie. Allerdings erzählen die mit Erdfarben und Tierblut an magischen Plätzen auf Felswände und in Höhlen gemalten, vergleichbar alten Steinzeichnungen dieselben Geschichten. Salopp ausgedrückt kann man sie als eine Art Notiz-

zettel des magischen Wissens bezeichnen, an Hand derer die Zauberer und Hellseher der Aborigines wie an einer Schautafel ihren mythischen Kosmos nicht nur mündlich, sondern auch bildlich überliefern. Praktisch eine Frühform der Bilderschrift.
Wie kommen nun diese Geschichten zu uns? Piet Bogner, ein Naturvolkforscher, der für seine Arbeit über zwanzig Jahre bei Nativen in Neuguinea, Bali und Borneo gelebt hat, reiste im Rahmen seiner Forschungen auch in die australischen North-West-Territories zu den Aborigines. Über mehrere Monate hinweg war er mit einigen ihrer Medizinmänner und Magier zusammen, die ihn zu ihren bemalten Felswänden führten, vor denen er manche Traumzeit-Erzählung erfuhr: Ein aussterbender und nur mehr fragmentarisch erhaltener Mythenschatz, denn viele der großen Persönlichkeiten einzelner Stämme und Klans hatten sich angesichts der sich mit der hereinbrechenden »Moderne« entwurzelnden und auflösenden Stammeskulturen bereits vor Zeiten geweigert, ihre Nachkommen zu initiieren und sie in die magischen Lehren des geheimen Kultlebens einzuweihen. Sie haben bis auf wenige erhaltene Erzählungen ihr großes Vermächtnis, das Wissen der Urzeit, mit ins Ahnenreich genommen.

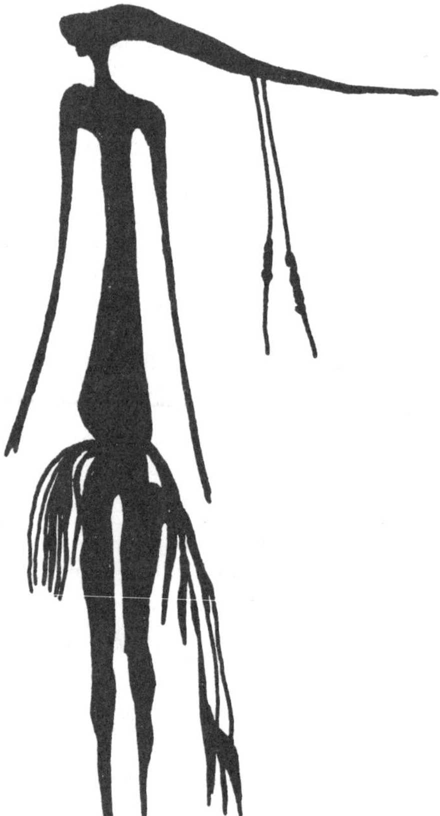

# Wie Yurlunggur, die Regenbogenschlange, und der vielwissende Wind dem schwarzen Kakadu aus dem Land der langen Schatten ein Geheimnis anvertrauen

Es war vor langer Zeit, als die große Flut kam. Sie war so ohne Maß, daß alles Land zu einem See wurde, der in jede Richtung reichte, soweit das Auge sieht. An seinem einen Ufer endete das weite Land des Sonnenaufgangs, und am anderen begann das geheimnisvolle Land des Sonnenuntergangs. In der Mitte dieses Sees wohnte auf einer kleinen Insel Yurlunggur, die Regenbogenschlange.

Wann immer sie großen Hunger hatte, erwachte Yurlunggur aus einem tiefen Schlaf. Langsam wand sie sich aus ihrem Wasserloch und kroch in den Schatten eines Mimosenbuschs. »Soll ich mich nun gegen Sonnenaufgang oder gegen Sonnenuntergang auf den Weg machen, um meinen Hunger zu stillen?« überlegte Yurlunggur und streckte ihren Kopf unentschlossen zuerst in die eine, dann in die andere Richtung. Doch auf einmal hielt sie inne: Vor ihr saß auf dem Ast eines Eukalyptusbaums ein schwarzer Kakadu. »Was suchst du hier?« fragte ihn verwundert die Regenbogenschlange.

Der Vogel erschrak. »Ich habe mich verirrt.«
»Aber wo kommst du her, ich habe dich hier noch nie gesehen?«
»Ich komme aus dem Land der langen Schatten«, sagte der Kakadu, »eines Nachts türmten sich vom Ahnenreich her gewaltige Wolken auf, so groß, daß sie alle Sterne bedeckten. Mit den Wolken kam der Wind. Zuerst sang er ganz leise, doch dann fing er an zu heulen und zu toben. Er wurde wütend und schlug wild um sich. Und plötzlich erfaßte er mich, hob mich höher und höher und trug mich davon. So weit weg, daß ich glaube, es war der Anfang der Welt, den ich gesehen habe.«
»Und wie sieht er aus?« fragte Yurlunggur, »und wo finde ich ihn?«
»Weit hinter dem Land des Sonnenaufgangs«, wußte der Kakadu, »zwischen dem großen Wasser und dem weiten Himmel. Als der Wind mich in jener Nacht immer weiter und weiter nach Sonnenaufgang trug, sah ich in der Ferne ein schmales, leuchtendes Band, das immer heller, größer und breiter wurde und die Farben des Regenbogens hatte. Und dann sah ich, wie die Sonne erwachte. Sie kam aus dem Wasser, dort wo Himmel und Meer sich berühren.«
»Ja, du hast wirklich den Anfang der Welt gesehen«, sagte Yurlunggur, »außer dem Wind und mir wußte bis jetzt niemand von diesem großen Geheimnis. Nun hat es dir der Wind gezeigt. Du Kakadu, der

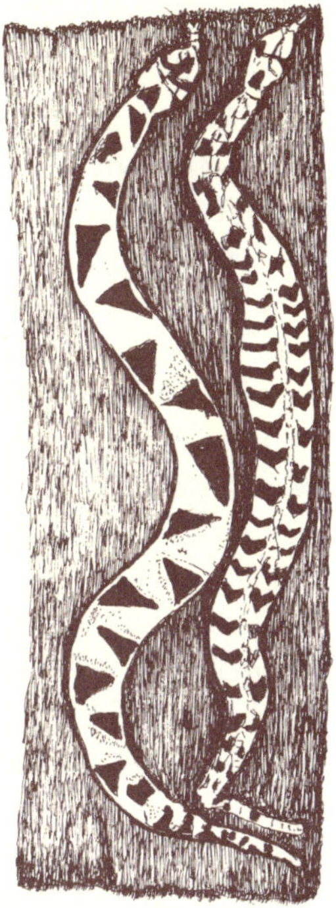

Wind und ich gehören von nun an zusammen. Laß uns deshalb mit dem Wind das Korrobori machen, wir wollen tanzen und singen.«
Und so geschah es auch.
»Kehre nun zurück in deine Heimat«, sagte Yurlunggur noch, »der Wind wird dich tragen, ohne Mühe wirst du das Land der langen Schatten erreichen. Aber bevor du mich verläßt, nimm noch ein Geheimnis mit. Es handelt vom Anfang der Welt. Erzähle deinem Klan und allen Vögeln, die vom Wind getragen werden, von diesem Geheimnis. Sie sollen es hüten, wie ihr eigenes Leben. Kein Fremder darf jemals davon erfahren.«
Und so erzählte die Regenbogenschlange dem schwarzen Kakadu das große Geheimnis.
Dieser sah Yurlunggur fragend an, grübelte und schüttelte ratlos den Kopf. »Das verstehe ich nicht. Was bedeuten deine Worte?«
»Frage niemals nach dem noch größeren, dem größ-

ten aller Geheimnisse«, antwortete Yurlunggur mit ernster Stimme. »Es soll genügen, was ich dir gesagt habe. Nun mach dich auf den Weg!«
Schweigend erhob sich der schwarze Kakadu und flog mit dem Wind zurück in das Land der langen Schatten.
Als er weit weg und hinter den Bergen verschwunden war, kroch Yurlunggur langsam aus ihrem Wasserloch. »Er ist mir zu geschwätzig. Und zu neugierig. Das ist es, was ich an dem Kakadu nicht leiden mag. Deshalb habe ich ihm zwar ein Geheimnis, aber nicht das größte aller Geheimnisse verraten. Niemals werde ich es preisgeben, nicht einmal der vielwissende Wind weiß davon.«
Währenddessen hatte der Kakadu das Land der langen Schatten erreicht. Sanft setzte ihn der Wind auf den Wipfel eines hohen Baums, um dann weiterzuziehen. »Willst du nicht bei uns bleiben?« rief ihm der schwarze Kakadu nach.
Der Wind drehte sich kurz um. »Nein, ich muß fort«, sang er, »ich bin mal hier, mal dort. Ich bin überall und nirgendwo!«
»So bleib doch noch eine Weile bei uns«, bat der schwarze Kakadu. »Nach einer so langen Reise mußt du doch müde sein. Die ganze Zeit über hast du mich getragen.«
Der Wind lächelte: »Meinetwegen«, flüsterte er und nahm Platz in der weichen Krone des großen Baums.

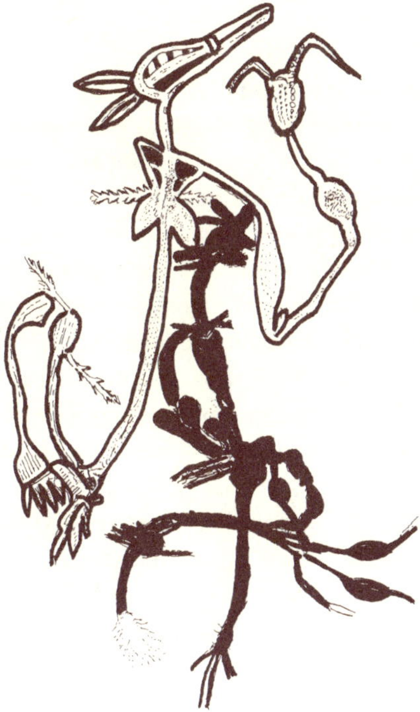

»Nun sag mir«, fragte der schwarze Kakadu neugierig, »wo hast du dein Zuhause?«
»Ich wohne überall«, antwortete der Wind leise. »Ich wohne am Himmel, über dem Land und auf dem Wasser.«
»Und wer sind deine Eltern?« wollte der schwarze Kakadu weiter wissen.
»Was«, war der Wind erstaunt, »du kennst sie nicht? Der Mond, das ist mein Vater, und die Sonne, das ist meine Mutter. Der Abendstern ist der Bruder meiner Mutter, der Morgenstern ist der Bruder meines Vaters. Wie du siehst, gehören wir alle zusammen.«
»Ich bin glücklich und stolz«, meinte da der Kakadu, »daß ich mit zu euch gehöre. Wenn du einverstanden bist, dann werde ich jetzt meinen Klan und alle Klanverwandten zusammenrufen. Wir werden dann gemeinsam das große Korrobori feiern, singen und tanzen.«
»Nein, nein«, wehrte der Wind ab. »Nicht jetzt, ich muß weiterziehen.«
»Warte noch«, rief der schwarze Kakadu, »ich muß dich noch etwas sehr Wichtiges fragen. »Du hast mir den Anfang der Welt gezeigt«, flüsterte der schwarze Kakadu leise und sah den Wind mit großen, neugierigen Augen an. »Nun sage mir, Verbündeter, liegt dort wirklich der Ursprung aller Geheimnisse?«
»Was denkst du, wo könnte er sonst sein?« fauchte der Wind. »Ich weiß nicht«, antwortete der schwarze

Kakadu unsicher. »Vielleicht liegt der Ursprung aller Geheimnisse am Ende der Welt?«
Reglos ob der Rede des Kakadus verharrte der Wind in der Baumkrone und sah prüfend auf den schwarzen Vogel. Endlich brach er sein Schweigen: »Merke dir gut – der Anfang der Welt und das Ende der Welt, sie gehören zusammen wie eins.«
»Zusammen wie eins«, murmelte der schwarze Kakadu verwundert. »Aber dann sage mir ...«
»Frage niemals nach dem größten aller Geheimnisse!« Und dann brauste der Wind auf. Und es verging eine knappe Zeit, und eine große Stille zog über das Land der langen Schatten.
Allmählich beruhigte sich der schwarze Kakadu und hoffte insgeheim, der Wind würde ihm noch viel vom Ursprung aller Geheimnisse verraten. Doch dann besann er sich seiner anvertrauten Aufgaben und Pflichten und rief alle Klanführer seines Stammes zusammen. Im großen Tal der Eukalyptusbäume begann die geheime Einweihung all jener Vögel, die vom Wind getragen werden. Das heilige Ritual dauerte viele Tage und Nächte. Doch immer wieder schüttelte der schwarze Kakadu verwirrt den Kopf. »Das verstehe ich nicht, was hat das alles zu bedeuten? Habe ich vielleicht zuviel nach dem Ursprung aller Geheimnisse gefragt?«

## Wie Woorail, der Klanoberste aller Vögel mit den langen Schwänzen, seine eigenen Kinder frisst und Baiame, der Schöpfergeist, zur Strafe eine grosse Flut schickt

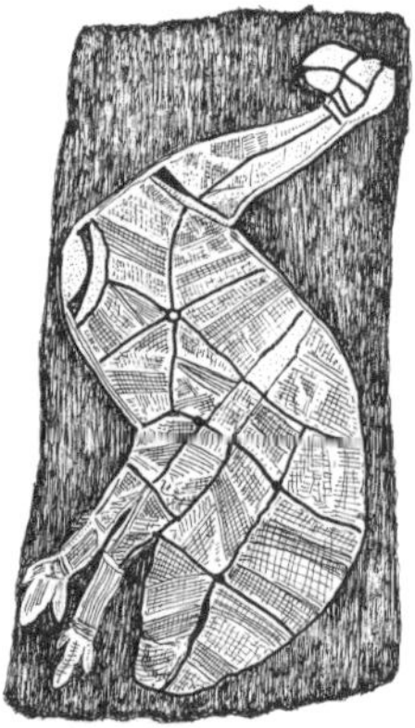

Es war zu jener Zeit, als die Erde mit allen Lebewesen geschaffen war. Baiame, der große Schöpfergeist, hatte mit seiner Urkraft Wasser, Erde, Feuer und Luft, alles Sichtbare und Unsichtbare erfüllt und durchdrungen. Er war zufrieden. Und zufrieden sollten alle Wesen miteinander leben. Er verließ die große Höhle der Schöpfung und kehrte müde von seiner Arbeit in die Unendlichkeit des Himmels zurück. Kaum war Baiame fort, zog Yarrageh, der

Geist des Frühlingswinds, in die Höhle der ewigen Stille ein. Mit sanftem Hauch strich er über alle Wesen und erweckte sie zum Leben. Es dauerte nicht lange, bis schließlich das erste Dämmerlicht des neuen Tages in die Höhle fiel und die Finsternis verdrängte.

»Du bist Wahn, der Krähenmann«, sagte plötzlich eine geheimnisvolle Stimme aus der Tiefe der Höhle. »Nach dem Willen Baiames sollst du der Stammvater aller Vögel aller Winde sein.«

Wahn rieb sich die Augen, blickte verwundert um sich und sah viele Geschöpfe, die nach und nach erwachten. »Was ist geschehen? Wo sind wir? Wer bist du?« fragten die Tiere und bestaunten sich. Wieder sprach die geheimnisvolle Stimme aus der Höhle und nannte die Namen aller Tiere. Und schon bald darauf lagerten die einzelnen Stämme, getrennt in zahllosen Klans, friedlich nebeneinander.

Dann sprach die Stimme abermals. »Ich bin Yurlunggur, die Regenbogenschlange. Baiame gab mir die Macht, sein Schöpfungswerk zu vollenden!« Und im nächsten Augenblick spiegelten sich die bunten Farben des Regenbogens in den Augen der Tiere. »Noch werde ich euch verborgen bleiben«, sprach Yurlunggur weiter, »denn ungestört und in aller Stille will ich meine Arbeit tun. Yhi, die Sonne, und Bahlu, der Mond, werden euch Tag und Nacht begleiten. Für jeden ist Platz im großen weiten Land,

das euch Baiame gegeben hat, geht jetzt und lebt nach seinen Worten friedlich und einträchtig.«
Alle Tiere begannen vor Freude zu jubeln, zu tanzen und zu singen, dann drängten sie ans Licht der Morgensonne und zogen in alle Himmelsrichtungen davon.
»Hierher, kommt hierher!« rief Bilba, der Anführer der Ratten, und verschwand in der Wurzelhöhle eines Baums. »Das ist ein guter Platz, er ist groß genug für uns alle«, stellte Bilba zufrieden fest. »Sammelt Essensvorräte und Feuerholz«, befahl er, »hier wollen wir bleiben.«
»Das könnte euch so passen!« kam es aus der Baumhöhle zurück. »Das ist mein Platz!« tobte Aloota, die große Känguruhratte, und sprang wütend vor dem Wurzelloch auf und ab.
»Was sollen wir tun?« flüsterten sich Bilbas Ratten zu. »Aloota ist stark, aber allein«, murmelte Bilba, »wir könnten ihn bezwingen, wenn es zum Kampf kommt. Laßt mich überlegen.«
»Was ist? Wie lange soll ich noch warten?« drohte Aloota. »Ihr verschwindet jetzt endlich aus meiner Höhle!«
»Nein, wir bleiben!« antwortete Bilba bestimmt.
»Das werden wir sehen! Ich werde euch aus der Höhle jagen!« schrie Aloota voll Zorn. Dann sprang er auf und verschwand.
»Macht schnell, weg von hier!« warnte eine Eule, die

oben in den Ästen des Baums saß. »Ihr könnt den Kampf nicht gewinnen. Aloota ist viel zu listig.«
»Wenn es so ist«, meinte Bilba ängstlich, »dann wollen wir deinem Rat folgen.« So verließen sie schweigend die Baumwurzelhöhle und zogen weiter, noch ehe Aloota wieder zurückkam.
Niemand kann sagen, wie oft schon Bahlu, der Mond, seit Anbeginn der Schöpfungstage über Tya, die Erde, gewandert war. Bis auf die Klans der Bilba-Ratten, der blauen Ameisen und der Heuschrecken hatten längst alle Tiere ihre Lagerplätze gefunden. So lebte in einem kleinen, verborgenen Tal der Klan der Langschwanzvögel. Sie kannten weder Feinde noch Neider, und Streit und Zwietracht waren ihnen fremd. Sie sangen und tanzten gern, und wenn sie nicht gerade Körner fraßen oder schliefen, putzten sie mit ihren schwarzen Schnäbeln ihre langen, schillernd bunten Federn. Nichts trübte ihre Freude, sie waren bestimmt die glücklichsten unter Baiames Geschöpfen. Bis eines Tages etwas Merkwürdiges geschah:
Woorail, der Klanoberste aller Vögel mit den langen Schwänzen, saß hoch oben in seinem Baum und beobachtete mit Gelassenheit das bewegte Treiben seiner Kinder und deren Kinder. »Was ist los mit dir?« riefen sie, »komm zu uns und setze dich in den Tanzkreis. Wir wollen mit dem Mondtanz-Korrobori beginnen.« Woorail schüttelte den Kopf.

»Komm doch zu uns«, baten seine Kinder weiter und blieben hartnäckig vor seinem Baum stehen.
»Nein, nein«, krächzte er, »ich bin nicht mehr jung, das Tanzen ist zu anstrengend für mich.«
»Du mußt ja nicht tanzen«, riefen die Kinder ungeduldig. »Du sollst dich nur hierher in unsere Mitte setzen.«
»Laßt ihn doch, er ist sehr alt«, mischte sich nun Woorails Frau ein. »Baiame, der Schöpfergeist, der über Leben und Tod bestimmt, wird ihn bald ins Reich der Ahnen holen.«
»Ist das wahr, was Großmutter erzählt?« fragten die Vögel von Woorails Klan.
»Vielleicht, vielleicht auch nicht. Das weiß nur Baiame«, antwortete Woorail.
Ohne ihn hatten sich nun alle Mitglieder des Klans der Vögel mit den langen Schwänzen auf dem Tanzplatz versammelt. Als Bahlu, der Mond, erwachte und sich rund und prall über das Tal erhob, begann zu seinen Ehren das Korrobori-Fest. In großen und kleinen Kreisen tanzten und sangen alle. Stumm, jedoch mit sanftem Lächeln sah Bahlu vom Himmel herab, und sein heller Schein ließ die bunten Federn in die Nacht hinein schimmern. Als sich Bahlu langsam über die Hügel jenseits des Tales neigte, erreichte das Korrobori seinen Höhepunkt. Wild und ausgelassen drehten sich die Vögel im Kreis und zogen schließlich auf dem Tanzplatz hin und her.

Plötzlich brach einer der noch jungen Vögel, sein Namen war Maia, erschöpft zusammen und blieb leblos am Boden liegen. Im nächsten Augenblick löste sich ein schwarzer Schatten vom Baum und stürzte sich auf Maia herab. Unbemerkt von allen anderen packte die schemenhafte Gestalt den Körper und flog lautlos auf den Baum zurück. Erst am nächsten Morgen wurde das Verschwinden Maias bemerkt. Und zum ersten Mal zogen Leid, Schmerz und Trauer in die Herzen der Vögel mit den langen Schwänzen. Ihr Klagegesang drang durch das kleine Tal über die Hügel hinweg bis hin an die Ohren von Wahn, dem Stammvater aller Vögel der Winde.
»Hört«, sagte Wahn mit leiser Stimme, »es herrscht Trauer im Klan der Vögel mit den langen Schwänzen.« Und die Krähenmänner fragten sich voll Sorge, was wohl geschehen sein mag. »Ich werde nachsehen«, beschloß Wahn, erhob sich von der mächtigen Krone des hohen Baums, in der er saß, und flog zu den Trauernden.
»Pssst, pssst«, flüsterte unterwegs Yarrageh, der Geist des Frühlingswinds, »ich war Zeuge dieser Nacht.« Und dann erzählte er, was er gesehen hatte. Bald darauf hatte Wahn das Tal der Vögel mit den langen Schwänzen erreicht. Wie ein Pfeil schoß er vom Himmel und stand unversehens inmitten der Trauernden. »Wo ist Woorail?« fragte er streng. »In seinem Lager«, gluckten die Vögel mit den langen

Schwänzen aufgeregt. »Dann bringt mich zu ihm«, befahl Wahn und scharrte ungeduldig mit seinen Krallenfüßen auf dem Boden.

Dann brachte man ihn zu Woorails Lager. »He Alter, steh auf!« rief Wahn mit verstellter Stimme und schüttelte ihn wach. »Laßt mich in Ruhe«, brummte dieser verschlafen und drehte sich um.

»Sag uns, was mit Maia geschehen ist?« fragte Wahn. »Wie soll ich das denn wissen«, antwortete Woorail abweisend, »vielleicht hat sie einer vom Fuchsklan geraubt!«

»Da magst du recht haben«, meinte Wahn beherrscht und nahm heimlich von Woorails Rücken eine Feder. Dann sah er auch, daß noch Blut an ihr klebte. »Steh auf!« krähte Wahn scharf und hielt dem Alten die Feder unter den Schnabel.

»Was, du?« stammelte er und senkte sogleich seinen Blick. »Nun, was hast du zu sagen?« fragte Wahn voll Grimm. »Ich, ich ... ich hatte so schrecklichen Hunger. Da konnte ich der Versuchung nicht widerstehen«, gestand Woorail kleinmütig, seufzte tief und fiel im nächsten Augenblick tot um.

»Seht ihr«, sagte Wahn zu den versammelten Vögeln, »niemand kann sich der Gerechtigkeit Baiames entziehen. Woorails Tat soll euch eine Mahnung sein! Hegt niemals dunkle Gedanken, bleibt stark im Geiste Baiames.«

Schweigend nahm Wahn den Toten mit. Begleitet von

Gieger-Gieger, der kalten Westwindfrau, brachte er ihn an die Brücke zum Ahnenreich.
Kein Tag und keine Nacht verging, ohne daß irgendwo im weiten Land etwas geschah, das den Gesetzen Baiames widersprach. Immer wieder brachen Zank und Streit zwischen den Tierstämmen aus, und mancherorts trieben es die Klans so schlimm, daß Raub, Mord und Blutrache zu ihrem Alltag wurden. Mit großer Sorge und wachsendem Unmut sah Baiame auf sein Schöpfungswerk. »Es kann nur besser werden«, sagte sich Baiame, »wenn ich den Klan der Menschen schaffe und ihnen mehr Vernunft gebe, als ich den Tieren gegeben habe, und Wahn muß Zeuge meiner Tat sein, die ich durch Yurlunggur vollenden werde.« Und er holte Wahn und Yurlunggur zu sich. Und Yurlunggur machte, was ihr aufgetragen.
Als Wahn, der Krähenmann, nach vielen Tagen und Nächten vom Ort der ewigen Stille in sein Klanlager zurückkehrte, fragten ihn die Seinen mit neugierigem Blick: »Und, hast du etwas Neues erfahren?« Wahn nickte und schwieg und ließ sich an der Feuerstelle nieder. Stumm starrte er in die aufzüngelnden Flammen. »Willst du uns nicht sagen, was du gehört hast?« drängten sie voll Unruhe und rückten noch näher an ihn heran. Wahn schien die Seinen nicht zu hören.
»Hört!« brach Wahn endlich sein tiefes Schweigen.

»Das große Geheimnis des Lebens, seine Kraft und Fruchtbarkeit wurden mir offenbart. Ich will euch sagen: Yurlunggur, die Regenbogenschlange, war es! Sie erweckte die von Baiame geschaffenen Menschen zum Leben. Sie mischte feinen roten Ocker mit klarem Quellwasser und ließ somit Guh, das Blut, entstehen. Dann füllte sie die Körper der Menschen jeweils zur Hälfte mit Guh, der Lebenskraft, und zur anderen Hälfte mit Wasser, der Fruchtbarkeit. Bewahrt jedoch dieses Geheimnis für immer in euch und redet mit niemandem darüber.«

So erfüllte sich auch der letzte Teil von Baiames großem Schöpfungsplan.

Und nach neun vollen Monden der Ruhe, in denen Baiame im Traum zu den Menschen sprach, verließ die erste Familie den Ort der ewigen Stille und betrat das wartende Land, das ihnen anvertraut wurde. Sie zogen mit der Sonne nach Westen und ließen sich in einem fruchtbaren Tal nieder. Und schon bald sagte Berukburn, der Stammvater aller Stämme, zu seinen Nachkommen: »Geht hinaus ins Land und seht euch um, und sucht unter Baiames Geschöpfen eure Verbündeten.«

»Das werden wir tun«, versprachen die Leute und machten sich auf den Weg. Widah, der kleine Vogel, der in den Zweigen der Büsche wohnt, hatte heimlich den Worten Berukburns gelauscht und flog unbemerkt aus dem Lager der Menschen davon. »Hört, hört!« zwitscherte er in alle Richtungen des Himmels, »die Menschen kommen!« Und schnell wie der Wind verbreitete sich die Kunde unter allen Tieren.

»Was hältst du davon, können wir den Menschen trauen?« fragten die Pelztiere ihren Anführer.

Das Känguruh überlegte eine Weile und nickte schließlich bedächtig mit dem Kopf. »Bestimmt viel mehr als jenen anderen«, antwortete es verhalten und warf einen flüchtigen Blick hinüber ins Lager der Schlangen. »Was soll das heißen?« züngelte eine Viper gereizt. »Nicht weniger, als ich sagte«, antwortete mutig das Känguruh und sprang im nächsten Augenblick zur Seite. »Das war dein Glück, Langohr«, zischte die Schlange, »sonst hättest du die ersten Menschen nicht mehr gesehen!« »Schluß damit!« fuhr Dinewan, der Emu, dazwischen und beendete den Streit.

»Wir sind sehr traurig!« quakten die Tümpelfrösche mit feuchten Augen. »Denn was wir gesehen haben, bestärkt nur unseren Entschluß.« »Und der wäre?« fragte das Känguruh hastig. »Wir wollen die Verbündeten der Menschen werden!« »Zweifellos ein guter Vorschlag«, meinte das Känguruh, während sich die Schlangen vor Hohngelächter krümmten und bogen.

»Wartet doch erst einmal ab«, sagte die Eule nachdenklich. »Was wissen wir schon über die Menschen? Beobachtet, prüft und wägt genau ab, bevor ihr Freundschaft mit ihnen schließt.« »Gut, sehr gut!« stimmte Brolga, der Graureiher, zu, und auch Booran, der Pelikan, klatschte beipflichtend mit seinem langen Löffelschnabel. Ein zustimmendes Gemurmel und Brummen zog sich durch die Ratsversammlung der Tiere.

Nur Widah, der kleine Vogel, der in den Büschen wohnt, wollte nichts von Prüfen und Beobachten wissen, denn er war gegen jede Verbindung mit den Menschen: »Ihr werdet eines Tages an mich denken«, schimpfte er vor sich hin, doch alle lachten über den kleinsten unter ihnen. »Wenn ihr nur wüßtet, welche Kunst ich beherrsche! Ihr würdet meinen Rat mehr achten!« Und schon fing er an, Geräusche, Stimmen und Laute nachzuahmen, mal lauter, mal leiser, eben so, wie es ihm gefiel.

Zur gleichen Zeit erblickte Mambadu, ein Sohn von

Berukburn, des Stammvaters der Menschen, aus der Ferne die gelbblühenden Wipfel der duftenden Eukalyptusbäume, in und unter denen sich die Tiere versammelt hatten. »Dort laßt uns lagern«, sagte er zu den Seinen und streifte mit seinem Klan durch das hohe Gras dem kleinen Wald zu.

»Still! – Hört ihr das?« Die Menschen verharrten. »Stimmengewirr«, flüsterte Mambadu. »Aber wie kann das sein?« fragten sich die Menschen verwundert. Das Schreien eines kleinen Kindes und das Lachen von Frauen drang scharf und klar an ihr Ohr. Und schließlich hörten sie auch die Stimme ihres Ahnvaters Berukburn aus dem Wald.

»Das kann nicht sein«, kam es erschreckt über Mambadus Lippen. »Mein Vater ist schon viel zu alt, um hier zu sein.« »Vielleicht haben wir uns getäuscht«, sagten einige Männer. »Vielleicht irrt sein Totengeist umher?« meinten die anderen und sahen sich verängstigt um. »Das muß ein Ort der Geister sein!« sagte Mambadu und sprach aus, was alle längst schon dachten. »Hi, hi, hi, hii! – Ha, ha, ha, haaa!« schallte geisterhaft höhnisches Spottgelächter zurück.

»Nichts wie weg von hier«, rief Mambadu und sah im selben Augenblick einen kleinen Vogel, der lachend vom Wipfel eines Baums hinunter auf die Lichtung flog. Mit argwöhnischem Blick schlich er sich vorsichtig heran. Widah fühlte sich unbeobachtet und ließ immer wieder sein verwirrendes Stimmengezwitscher hören. Und so erkannte Mambadu, daß dieser kleine Vogel sie alle zum Narren gehalten hatte.

»Verschwinde, du Hinterlistiger!« schrie er ihn voll Zorn an. »Wehe, wenn wir dich erwischen!« schimpften die Männer dem kleinen Widah hinterher. Und einer nahm sogar einen Stein und warf ihn dem Davonfliegenden hinterher.

»Ich fürchte, sie sind keineswegs besser als wir«, sagte die Eule, die alles aus ihrer Baumhöhle heraus belauscht hatte. »Im Gegenteil«, rief das Känguruh erregt, »viele von ihnen sind noch gefährlicher, niederträchtiger und hinterhältiger als die schlimmsten von uns. Sie verletzen, töten und morden einander! Ich habe es selbst gesehen, es war hinter den Bergen, fast da, wo die Welt ihr Ende hat. Sie haben Blutrache unter ihren Stämmen und Klans.« Verängstigt und betreten schwiegen sie.

Nach langer Zeit der Stille erhob Wahn, der Krähenmann, seine krächzende Stimme: »Ich warne euch Tiere mit den Pelzen und euch Tiere mit den Schuppen und euch Tiere mit den Federn: Das alles sind Zeichen vom kommenden Ende.«

Eine große Angst breitete sich unter den Tieren aus, doch dann fielen alle in einen tiefen Schlaf. Kaum, daß sie da so lagen, sprach Baiame im Traum zu allen Lebewesen: »Meine Geduld ist erschöpft mit denen, die hinterlistig sind, mit denen, die morden, mit denen, die niederträchtig sind! Ich werde ihrem Treiben ein Ende setzen. Doch alle, die mein Zeichen erkennen, werden nichts zu befürchten haben. Die aber, die meine Gesetze brechen und mich damit verhöhnen, wird ein großer Regen und ein großes Wasser von Tya, der Erde, hinwegspülen.«

Ehe diese Worte Baiames verhallt waren, schreckten die Menschen und Tiere aus ihrem Traum hoch. Viele meinten, sie würden nur von einem bösen Geist gequält. Manche aber erkannten die Wahrheit der Worte. Sie standen auf und machten sich auf den Weg in die Berge zum Ort der ewigen Stille. Dort zogen sie sich in die Schöpfungshöhle zurück, dort saßen nun einige Menschen und einige Tiere friedlich vereint. Es waren aber nur wenige.

Am anderen Morgen, im fahlen Licht der Dämmerung, legte sich eine große Stille über das weite Land. Die Tiere mit den Federn verstummten, die Tiere mit den Schuppen verstummten, die Tiere mit den Pelzen verstummten, die Menschen verstummten. Und dann begann Entsetzliches. Tya, die Erde, begann zu zittern. Immer heftiger bebte sie und schüttelte sich vor Angst. Dann begann sie aus Bergen und Klüften Rauch und Feuer auszuspucken. Blitze zuckten vom Himmel, Donnerschläge ließen die Menschen, die Tiere, die Bäume und die Gräser erzittern. Mit großem Getöse und Gebrüll vereinigten sich alle Winde und alle Wolken. Und dann kam zuerst ein kleiner Regen, dann ein größerer Regen, schließlich ein großer Regen und endlich eine Flut. Wellen, hoch wie Berge, brachen über das Land und zermalmten mit furchtbarer Wucht alles, was ihnen im Wege stand.

»Wohin? Wir sind verloren!« schrien alle, doch ihr Rufen und Flehen verlor sich im Sturmgebraus der tobenden Flut.

Nach vielen Tagen des Wütens legte sich der Sturm, das Wasser versickerte im Boden. Bald trocknete das riesige Land, die Seen und Tümpel verwandelten sich in Sümpfe oder in Steppe und in Wüste. Das Leben kehrte zurück, und als Yarrageh, der Frühlingswind, wieder über das Land zog, brachte er alles zum Blühen.

»Nun kennt ihr meine Kraft und meine Macht«, sprach Baiame zu den Menschen und Tieren in der Schöpfungshöhle. »Bleibt stark in meinem Geiste, dann wird euch Tya, die Erde, wohlgesonnen sein!«

## Wie die Regenbogenschlange Yurlunggur Boalere und Misilgoe, die beiden ersten Menschen, verschlingt und sie wieder ausspuckt

Yurlunggur schlief friedlich im Schutz einer großen Farnpalme. Bahlu, der Mond, war schon viele Male über den Himmel gewandert. Er hatte dabei die Regenbogenschlange nicht gesehen und konnte sie deshalb nicht wecken. Außerdem war Bahlu mit viel wichtigeren Dingen beschäftigt. Denn Bahlu hatte vom Ursprung aller Geheimnisse den Auftrag bekommen, ganz bestimmte Pflanzen und Tiere in Menschen zu verwandeln. Als dies geschehen war, ruhte er sich aus. Das ist der Grund, warum Bahlu einige Nächte lang selbst schläft und sein weißes Licht nicht ausgießt.

Nach vielen Tagen und Nächten tiefen Träumens schreckte Yurlunggur auf. Was hatte die Regenbogenschlange geweckt? Unruhig mit ihrer Zunge züngelnd, hob sie den Kopf. »Was war das?« fragte sie sich und wand sich lautlos den Stamm hoch. Vorsichtig spähte sie durch die Farnblätter und beobachtete das Land des Sonnenaufgangs. Doch außer Känguruhs, die zwischen hohen Büschen und Gräsern sprangen, war nichts weiter zu entdecken.

Doch mit einem Mal hielt Yurlunggur inne. Aus weiter Ferne drangen die Stimmen zweier Frauen an ihr Ohr. »Also doch!« zischte Yurlunggur. Im Traum hatte sie gesehen, wie Bahlu, der Mond, die ersten Menschen gemacht hatte. Nun sollten sie auch schon in das Reich der Regenbogenschlange kommen.
»Warum läßt Bahlu sie hierherziehen?« fragte sich Yurlunggur. »Nein«, sagte sie dann zu sich, »niemals würde Bahlu es erlauben, daß Menschen das Land des Sonnenaufgangs betreten und dort gar den Anfang der Welt sehen würden.« Entschlossen eilte die Regenbogenschlange den Eindringlingen entgegen, hielt dann aber plötzlich auf halbem Weg inne. »Vielleicht sollte ich mich erst vergewissern, was die beiden vorhaben«, überlegte sie und schlich vorsichtig weiter.
Als die Frauen näher kamen, erkannte Yurlunggur, daß es die ersten Menschen waren, die Bahlu erschaffen hatte. Ihre Namen waren Boalere und Misilgoe. Yurlunggur ließ die beiden nicht mehr aus den Augen, versteckte sich aber selbst in ihrem Wasserloch. Ganz nahe gekommen, setzten sich die beiden Frauen an einen Platz neben dem Wasserloch, so daß Yurlunggur genau hören konnte, was sie sich erzählten.
»Der Platz ist gut«, meinte Boalere. »Wir sollten die Nacht über hier bleiben.«
Misilgoe nickte ihrer Schwester zu. »Ja, laß uns

rasten«, sagte sie müde und lächelte wissend, »noch in dieser Nacht will mein Kind geboren sein.«
»Dann ruhe dich aus«, antwortete Boalere. »Ich gehe einstweilen Feuerholz sammeln.«
Während Boalere im Busch umherstreifte und nach trockenen Gräsern und morschem Brennholz suchte, gebar Misilgoe ihren Sohn.
»Er wird ein kräftiger Mann werden«, sagte Boalere, als sie mit dem Feuerholz zurückkam und das Kind sah. Gewandt rollte sie zwischen ihren beiden Hän-

den den Feuerstab. Von der Rinde sprangen Funken auf trockene Blätter, nach kurzer Zeit loderten die ersten Flammen zaghaft hoch. Flink legte Boalere einige Lilien- und Yamsknollen in die Glut und wendete geschickt Stücke vom Fleisch eines Känguruhs und einer Beutelratte über dem Feuer.

»Du mußt wieder zu Kräften kommen«, forderte Boalere ihre Schwester auf und reichte ihr ein Stück Fleisch. Schweigend aßen die Frauen, während die Sonne dort, wo der Himmel an die Erde stößt, verschwand. Nachdem es dunkel geworden war, hatten sie ihr Mahl beendet. Misilgoe bereitete das Nachtlager, wiegte ihr schlafendes Kind und fiel selbst bald in tiefen Schlaf. Boalere dagegen saß an der Feuerstelle und wachte. Ihr Blick wanderte wachsam in der Umgebung umher, bis er plötzlich am Wasserloch innehielt. Gebannt starrte Boalere auf das im Feuerschein hell glitzernde Wasser. Unzählige Perlen stiegen dicht an dicht auf. Doch mit einem Mal kam Unruhe in das Wasserloch, Wellen begannen zu wogen, die immer größer und immer schneller an das Ufer drängten. Und auf einmal schob sich etwas Riesiges aus dem Wasser.

Da sah sie auch schon voll Furcht und Entsetzen den breiten Kopf Yurlunggurs, wie er sich langsam und drohend über dem Wasserloch hin und her bewegte. Mit ihren starren, gelb leuchtenden Augen blickte die Schlange an Boalere vorbei auf die schlafende

Misilgoe und ihr Kind. Rasch griff Boalere nach zwei Holzstöcken und schlug sie heftig und laut gegeneinander. Sie schlug immer schneller und heftiger. Und dazu stampfte sie mit den Füßen und begann zu singen.
Yurlunggur blickte verwundert auf Boalere, die unentwegt zum Klappern der schlagenden Stöcke tanzte und sang. Es schien der Regenbogenschlange zu gefallen, denn ganz allmählich begann sie, sich im Klang der Stöcke auf und ab zu wiegen. Schließlich tanzten Yurlunggur und Boalere die ganze Nacht hindurch. Erst als sich die Sonne wieder dort zeigte, wo sich der Himmel und die Erde berühren, ließ sich die Regenbogenschlange in die Tiefe ihres Wasserlochs zurücksinken. Boalere fiel erschöpft neben ihrer Schwester zu Boden und fiel selbst in festen Schlaf.
Tief unten im Wasserloch kauerte Yurlunggur und überlegte. »Den Schwestern da oben traue ich nicht! Warum habe ich sie nicht verjagt? Was hat mich daran gehindert? Waren es Boaleres ungewöhnliche Gesänge, war es das Klappern ihrer Holzstöcke, das mich mit ihr tanzen ließ?« Yurlunggur hielt inne: »Natürlich! Sie waren es«, zischte die Regenbogenschlange, »sie waren so mächtig und haben mich

verwirrt!« Ein Zittern und Winden ging durch die Regenbogenschlange. »Boalere und Misilgoe dürfen nicht unsere Geheimnisse entdecken«, zischte sie und schnellte wie ein Pfeil aus dem Wasserloch. Voll Entschlossenheit kroch sie an das Lager der Schlafenden heran, öffnete ihr Maul und verschlang die Frauen und auch das Kind.
»Ich habe unsere Geheimnisse gerettet«, war sich die Regenbogenschlange sicher. Doch bald bekam sie ein Gefühl großen Unbehagens, denn die Körper der Verschlungenen lagen schwer wie Eisenholz in ihrem Magen, so daß sich Yurlunggur nicht mehr von der Stelle bewegen konnte. Sie bäumte sich auf, wand und streckte sich und wurde dabei länger und länger. Als sie den Himmel berührte, beugte sie sich langsam wieder zur Erde hinab. Dabei begann ihr Körper in vielen bunten Farben zu schillern und zu leuchten.
Und während sie immer kräftiger zu schillern und zu leuchten begann, hatte sie einen Gedanken: »Ich werde eine große Versammlung aller Schlangen einberufen.« Gewaltig wie der Donner aus den Bergen hallte ihr Ruf über das Land. Aus allen Höhlen und Erdlöchern kamen sie hervor. Der Klan der Todesottern, der Klan der Schwarzottern, der Klan der Bandottern und viele andere mehr.
»Was hast du uns Wichtiges zu sagen?« fragten die Schlangen und blickten zu Yurlunggur auf.

»Hört zu«, sagte die Regenbogenschlange. »Zwei Frauen haben unseren Boden betreten. Sie kamen aus dem fernen Mittagsland und ließen sich am großen Wasserloch nieder.«
»Aber was ist Schlimmes daran?« fragten all die anderen Schlangen.
»Ich soll sie gewähren lassen?« zischte Yurlunggur erstaunt. »Nein, sie würden uns sicher nur Unheil bringen.«
»Aber wieso?« wollten die Schlangen wissen.
»Weil sie unsere Geheimnisse stehlen werden«, entgegnete Yurlunggur finster.
Die Schlangen schüttelten verwundert ihre Köpfe. »Und wo sind sie jetzt?« fragten sie.
»Ich habe die Menschen verschlungen!« sagte die Regenbogenschlange.
Entsetzt sahen sich die Schlangen an und schüttelten abermals mißbilligend die Köpfe. »Du hast nicht klug gehandelt«, sagten sie einstimmig. »Nicht die Frauen haben Unheil gebracht, sondern du!«
»Aber ich wollte uns nur beschützen«, verteidigte sich Yurlunggur.
»Wir dachten, du wärest die klügste und weiseste von uns allen«, zischten die Schlangen und zogen sich enttäuscht in ihre Höhlen zurück. Niedergeschlagen ließ sich Yurlunggur zur Erde herab, legte sich auf den Boden, öffnete weit ihr Maul und stieß die Verschlungenen wieder hervor.

Auf wundersame Weise war Boalere, ihrer Schwester Misilgoe und ihrem Kind nichts geschehen. Sie erhoben sich und zogen glücklich weiter, hinüber in das Land, wo die Sonne nie den Boden berührt.

Yurlunggur verkroch sich dagegen in ihrem Wasserloch. Man hat seitdem nur mehr die Schwestern und Brüder ihres Klans, aber nie mehr die Regenbogenschlange selbst gesehen.

## Wie Baiame, der Schöpfergeist, dem Klan der Graureiher das Feuer schickt und Kärambal zu seinem Hüter bestimmt ist

Im Klan der Graureiher herrschte tiefe Trauer. Yälamba, ihr Stammvater, war gestorben. Genau dreimal mußte der Mond groß und wieder klein werden, so lange dauerte das große Trauerritual zur Vorbereitung von Yälambas Seelenwanderung. Dann, in der Morgendämmerung nach der dritten Nacht mit großem Mond, wurden Yälambas Gebeine auf dem Totenbaum beigesetzt. Noch eine ganze Weile verharrten die Klanmänner in Ehrfurcht schweigend um den Yarra-Baum. Dann spürten sie, daß in diesen Augenblicken Wuluwait, der Bote aus dem Jenseits, unter ihnen weilte. Unsichtbar und völlig lautlos holte er Yälambas Seele und führte sie ins Ahnenreich, das sich weit hinter der Sonne und dem Morgenstern befand. Kärambal war nun der Führer des Graureiher-Klans. Yälamba hatte ihn dazu bestimmt und in alle Geheimnisse eingeweiht, die der Nachfolger kennen mußte.

Eines Tages saß Kärambal im Schatten eines Mangrovenbaums und schnitzte mit dem Muschelschaber eine neue Speerspitze. Aufmerksam verfolgten

Baba und Djäm, die Söhne seines Sohns, jede seiner Handbewegungen. Mit einem Mal hielt Kärambal inne und schaute hinaus auf den großen Fluß. Sein Blick streifte suchend am Ufer entlang und in die Bäume, die sich weit zum Wasser herabneigten. »Seltsam«, murmelte er. »Warum sind unsere Ahnverwandten nicht hier?«
Erst jetzt bemerkten Baba und Djäm, daß keine Graureiher zu sehen waren, die gewöhnlich um diese Tageszeit hier fischten. »Großvater, warum sind sie weg?« fragte Djäm.
Kärambal gab keine Antwort. Mit unruhigen Augen musterte er den Himmel, der sich auf einmal grauschwarz verfärbte. »Was will nur Gieger-Gieger, die kalte Westwindfrau, von uns?« kam es leise über Kärambals Lippen. »Wir haben sie doch nicht etwa erzürnt? Bringt sie uns Unheil? Djäm und Baba, lauft schon voraus und warnt alle. Sie sollen das Lager verlassen und mit den Booten zum Platz des Korrobori rudern. Dort sollen sie im Schutz der heiligen Bäume auf mich warten!«
Baba und Djäm rannten los. Sorgenvoll blickte Kärambal auf die herannahenden Blitze und Donner, immer schwerer und dunkler drohte Gieger-Gieger in ihren Wolken. Die Westwindfrau war überall. Wild brauste und tobte sie hin und her, jagte die Wolken und peitschte die weißschäumende Gischt auf den Wellen des breiten Flusses.

»Halt, Gieger-Gieger! Laß ab von uns!« bat Kärambal beschwörend und streckte seine Arme der Westwindfrau entgegen. »Geh weg von hier!«
»Huuuuuiii – huu huuu huuu, huuuuiii«, pfiff Gieger-Gieger über Kärambal hinweg, drehte sich und verschwand mit großem Sausen auf der anderen Seite des Flusses in den Bergen.
Kärambal konnte nicht glauben, was er da gesehen hatte. Voll Mißtrauen blickte er auf das nun ruhige Wasser. Sogar die Graureiher kamen wieder zurückgeflogen und ließen sich lärmend am Ufer nieder. Und Yhi, die Sonne, schenkte wieder ihr Licht und ihre Wärme.
Kärambal wunderte sich über das seltsame Verhalten von Gieger-Gieger. »War es gar ein Zeichen? Aber was hat es dann zu bedeuten?« fragte er sich grübelnd und schüttelte ratlos den Kopf. Nachdenklich machte er sich auf den Weg zum Korrobori-Tanzplatz, wo seine Leute auf ihn warteten.
»Da bist du!« jubelten ihm die Männer entgegen. »Dein Ya-Yari-Zauber hat uns gerettet! Du mußt

mächtige Worte zu Gieger-Gieger gesprochen haben. So schnell die Westwindfrau kam, so schnell war sie auch wieder verschwunden. Kärambal ist ein großer Mann! Er hat uns Gieger-Gieger ferngehalten«, riefen die Leute erregt durcheinander.

»Nicht ich, sondern Baiame, unser großer Schöpfergeist, hat uns vor den Tücken und Launen der Westwindfrau bewahrt! Also laßt uns Baiame danken! Geht zu unserem Lagerplatz, wenn die Sonne den Boden berührt, werdet ihr dort sein. Wartet dann auf mich. Ich, Baba und Djäm bleiben noch hier.«

Baba und Djäm sahen den Vater ihres Vaters mit fragenden Augen an. Und die Alten horchten auf. »Du kommst nicht mit uns?« »Nein«, antwortete Kärambal bestimmt, »ich werde so lange auf unserem heiligen Platz bleiben, bis ich die Gewißheit habe, was die Westwindfrau bei uns wollte.«

Die Alten nickten zustimmend. »Das ist gut, das ist gut«, murmelten sie und gingen hinunter zu den Booten. Kärambal begleitete sie und wartete noch eine Weile, bis auch der letzte Einbaum hinter der Flußbiegung verschwunden war.

Dann folgten Baba und Djäm schweigend dem Alten, der sie auf einen schmalen und glatten Pfad führte, den sie noch nie in ihrem Leben gegangen waren. In wilden Windungen schlängelte sich der geheime Weg durch den dichten Mangrovenwald. Dann standen sie wieder auf dem heiligen Platz.

»Dieser Pfad war uns fremd. Warum sind wir ihn gegangen?« fragte Djäm.
»Um die Flußgeister in die Irre zu führen«, antwortete Kärambal und ließ sich unter dem Yarra-Baum nieder, in dessen Astgabel die Gebeine von Yälamba ruhten. »Setzt euch zu mir«, sagte Kärambal mit ruhiger Stimme, »hier an diesem Ort habt ihr nichts zu fürchten. Kein Buschgeist oder Dämon würde es wagen, diesen Platz aufzusuchen.«
»Wie willst du erfahren, warum uns Gieger-Gieger besuchte und was die Westwindfrau von uns wollte?« fragte Baba vorsichtig.
»Ich werde unsere Ahnengeister rufen und sie fragen. Sie werden dann im Traum zu mir sprechen«, antwortete Kärambal mit abwesendem Blick. Djäms Augen begannen zu glühen, und Babas Lippen bebten vor Aufregung. Völlig in sich hineinblickend, mit gekreuzten Beinen und hoch aufgerichteter Brust saß Kärambal regungslos vor dem Totenbaum. Stille lag über dem heiligen Platz. Kein Wind war zu spüren, kein Vogelruf zu hören. Dann erhob sich Kärambals Stimme zum feierlichen, heiligen Gesang.
Schweigend lauschten Baba und Djäm der Ahnenanrufung. Doch deren Sinn konnten sie nicht verstehen, denn Kärambal sang sie in der geheimen Sprache der Zauberer. Bahlu, der Mond, stand am Westhimmel und warf lange Schatten über die Lichtung, als Kärambals Gesang endete.

Plötzlich brach ein Strahl des Mondlichts durch die Blätter des Totenbaums und traf hell auf Kärambals Gesicht: Es war zur Fratze eines Dämons geworden. Vor großem Schreck und großer Angst sprangen Baba und Djäm auf, rannten über die Lichtung und versteckten sich hinter einem Baum. Nichts rührte sich. Vorsichtig spähten die beiden hinter dem Stamm hervor und sahen Kärambal im Halbschatten des Baums unbeweglich sitzen.
»Unsere Augen haben uns getäuscht«, flüsterte Djäm. »Der Vater unseres Vaters hat sich gar nicht in einen Buschgeist verwandelt.« »Du hast recht!« zischte Baba, »Bahlu, der Mond, hat uns einen Streich gespielt. Komm, wir gehen wieder zurück.«
Kaum saßen die beiden wieder an ihrem Platz, machte Kärambal seine Augen auf. »Ihr habt euch vom Dämon der Angst zum Narren halten lassen. Ihr habt das Schweigegebot gebrochen! Das war nicht gut! Das hättet ihr nicht tun dürfen!«
Baba und Djäm senkten ihre Blicke zu Boden und schämten sich. Doch gleichzeitig wurden Baba und Djäm von Kärambals magischen Zauberkräften erfaßt. Sie standen auf, gingen hinter den Yarra-Baum, durchstreiften das dichte Blattwerk eines Strauchs und stiegen geradewegs in eine Erdhöhle hinab. Dies war die heilige Höhle der großen Träume und Offenbarungen. Lautlos, gleich einem Schatten war ihnen Kärambal gefolgt. Er legte sich neben

Baba und Djäm, die bereits in einen tiefen Schlaf versunken waren.
Ruhig wartete Kärambal auf die Antwort seiner Ahnen. »Ob sie mein Rufen vernommen haben?« fragte er sich. Doch dann kam eine Stimme aus der Tiefe der Höhle. Kärambal horchte auf. »Bist du es, Yälamba?« fragte er gefaßt, und im selben Augenblick tauchte vor Kärambal der Ahnengeist des verstorbenen Yälamba auf.
»Hör zu, es ist an der Zeit«, sagte der Ahnengeist, »Gieger-Gieger wird ungeduldig! Und Gieger-Gieger wird bald wieder kommen. Sie überbringt euch ein Geschenk von Baiame. Baiame will euch Menschen das himmlische Feuer überlassen. Ihr sollt es hüten und so mit ihm umgehen, wie es einem göttlichen Geschenk würdig ist. Ihr könnt eure Nahrung damit kochen und euch nachts damit wärmen. Geht also vorsichtig und wachsam mit ihm um, damit es nicht zur großen Gefahr wird. Treibt keinen Mißbrauch mit dem göttlichen Feuer! Baiame würde es nicht dulden, und keiner von euch könnte sich seiner Strafe entziehen.«
Kaum war dies alles verklungen, verschwand der Ahnengeist in der Unsichtbarkeit. Kärambal kroch zum Höhleneingang und blickte suchend hinaus. »Aber wo soll ich denn das Feuer empfangen?« schrie er und hob flehend seine Hände in den Himmel.
»Huu-huu-huu-huuiiii«, pfiff es da auf einmal über

die Erdhöhle hinweg, heulte Gieger-Gieger wild auf und stürmte über den Korrobori-Platz. Immer schneller, immer heftiger wirbelte sie. Dann zischte ein greller Blitz vom Himmel herab, und ein gewaltiger Donnerschlag ließ im nächsten Augenblick die Luft erzittern.

»Huuuuiiii«, brauste die Westwindfrau lachend auf und verschwand in der Ferne. Voll Angst und Entsetzen starrte Kärambal auf den heiligen Yarra-Baum, der inmitten der Lichtung lichterloh brannte.

»Das Feuer von Baiame«, stammelte er und ging vorsichtig dem brennenden Baum entgegen. Voll Furcht beobachtete er die gelben und roten und blauen Flammenzungen, die puffend aus den Rindenspalten zischten. Und voll Sorge sah er, wie die Flammen immer kleiner wurden und der heilige Yarra-Baum sich immer mehr in Rauch verwandelte.

»Was, wenn das Feuer erlischt?« fragte sich Kärambal besorgt, überlegte und rannte in die Erdhöhle zurück. »Wacht auf! Wacht endlich auf!« schrie er Baba und Djäm an, »kommt mit, ich zeige euch das Feuer, das uns die Westwindfrau brachte.«

Dann liefen sie zusammen zum heiligen Platz zurück, nicht ohne noch unter den Bäumen und unter den Büschen, an denen sie vorbeikamen, Holz zu sammeln, damit Baiames Geschenk immer etwas zu fressen habe und es nicht wieder von ihnen gehe.

## Wie Wahn, der Krähenmann, den Klan der Graureiher besucht und das Feuer stiehlt

»So ein Feuer macht viel Arbeit. Man muß trockenes Holz suchen und sammeln, denn es hat einen großen Hunger und ist sehr gefräßig«, tönte plötzlich eine krächzende Stimme über die Lichtung. Kärambal, Baba und Djäm blickten sich verwundert um. Hinter einem der Mangrovenbäume trat ein großer, schwarzer Mann hervor.

»Du bist klug, Kärambal! Du läßt Vorräte anlegen«, sagte der Fremde und kam langsam näher.

»Du kennst meinen Namen. Aber wer bist du?« fragte Kärambal vorsichtig.

Der schwarze Mann lachte mit seiner krächzenden Stimme laut auf. »Ich bin Wahn, der Krähenmann! Und Bahlu, der Mond, ist mein Freund. Sag nur, das weißt du nicht?«

»Nein«, versicherte Kärambal, »wir haben noch nie von dir gehört. Doch woher kommst du?« fragte Kärambal weiter.

Wahn zeigte in alle Richtungen aller Winde. »Ich bin einmal hier, ich bin einmal dort, eben überall«, antwortete Wahn.

»Was willst du hier bei uns am großen Fluß?« wollte Kärambal weiter wissen.

»Ich will nur das Geschenk von Baiame bewundern«, entgegnete Wahn und warf verstohlen einen begierigen Blick auf das Feuer.
Kärambal horchte auf. »Woher willst du wissen, daß das Feuer von Baiame ist?« fragte er voll Mißtrauen.
Wahns Schnabelmund verzog sich zu einem spöttischen Lächeln. »Gieger-Gieger, die Westwindfrau, hat mir alles erzählt! Wie du siehst, habe ich mächtige Verbündete.«
Kärambal nickte nachdenklich und wandte sich zu Baba und Djäm. »Geht jetzt und holt alle Männer«, sagte er mit fester Stimme. »Sie sollen die größten Fische bringen, die sie gefangen haben. Wir wollen hier zu Ehren Baiames unser erstes Mahl kochen.«
Und so geschah es.
Nachdem die Graureiherleute ihr heiliges Festmahl beendet hatten, trugen sie das Feuer mit feierlichem Gesang in ihr Lager. Kärambal hütete es wie einen Schatz unter einem Windschirm aus Blättern in einer kleinen Erdgrube.
Wahn, der Krähenmann, war mit ins Lager gekommen und setzte sich neben Kärambal auf den Boden.
»Was ich dir noch sagen wollte«, sprach er in vertraulichem Ton, »du sollst wissen, ich bin gekommen, um euch zu helfen. Denn wie du selbst siehst, braucht man viel Geschick, um das Feuer zu beherrschen, und es ist keineswegs ungefährlich.«
»Sorge dich nicht um uns, wir werden schon allein

damit zurechtkommen«, antwortete der alte Kärambal abweisend.
»Aber natürlich!« entgegnete Wahn, »das glaube ich gern. Trotzdem, mein Freund, laß dir von mir, dem Krähenmann, einen ehrlichen und guten Rat geben.« Kärambal sah Wahn erwartungsvoll an. »Ich meine, jede Familie sollte sich für die hereinbrechende Nacht eine eigene Feuerstelle anlegen. Wenn aus Unachtsamkeit einmal eine Feuerstelle erlischt, so brennen noch viele andere, und das Feuer ist gerettet.«
»Du bist ein kluger Ratgeber«, antwortete Kärambal anerkennend, aber dein Rat war schon längst meine Tat«, und er zeigte mit ausgestreckter Hand hinüber zu den Feuerstellen, die unter den Windschirmen bereits glimmten.
»Du bist klüger, als ich dachte«, krächzte Wahn schmeichelnd und blickte arglistig ins Feuer. Als der Mond sich im Wasser des Flusses spiegelte, flammten überall im Klanlager die kleinen Feuer auf. Und es dauerte nicht lange, bis die Wärme alle Leute müde gemacht hatte und sie in einen tiefen Schlaf versinken ließ. Selbst Kärambal, der Hüter des Feuers, wurde schließlich vom Schlaf überwältigt. Auf diesen Augenblick hatte Wahn gewartet! Lautlos schlich er durch das Lager und löschte unbemerkt alle Feuerstellen. Dann kehrte er zu Kärambal zurück. Vorsichtig nahm er die Kokos-

schale, in dem Baiames Feuergeschenk brannte, und eilte hinunter zum Strand. Achtsam stellte er die Schale in ein Kanu, schob es geräuschlos ins Wasser und fuhr mit kräftigen Paddelschlägen den großen Fluß hinunter.

Es war noch dunkel, als Kärambal durch ein Geräusch geweckt wurde. »Das Feuer! Das Feuer ist fort«, rief er erschrocken und entsetzt und blickte auf die schwarze, leere Feuerstelle. Hastig griff er nach dem Schneckenhorn und stieß hinein. Im Augenblick waren alle im Klanlager wach. »Das Feuer ist weg«, schrien die Leute und rannten zu Kärambal. »Warum hat Baiame uns das Feuer wieder genommen?« fragten die Alten ängstlich, »oder hat man uns es gar geraubt?« Und so blickten alle fragend in die Runde und entdeckten zugleich, daß mit dem Feuer auch Wahn, der Krähenmann, verschwunden war.

»Wo ist Wahn?« schrie Kärambal. »Sucht ihn, bringt ihn! Bringt ihn mir auf der Stelle!« befahl Kärambal. Doch bald kamen die Männer zurück. Sie hatten entdeckt, daß Wahn nicht nur das Feuer, sondern auch das große Boot gestohlen hatte.

»Er wird zu der Insel der Geheimnisse fahren«, befürchtete stammelnd Kärambal, und er streckte wieder seine Hände in die Höhe: »Baiame, großer Geist, laß nicht zu, daß Wahn uns dein Feuer raubt und auf die Insel der Geheimnisse entführt.«

Doch Baiame wußte, daß die Leute des Graureiher-Klans noch nicht so geübt im Umgang und in der Sorgfalt mit dem Feuer waren. Deshalb hatte er immer einen Blick auf Kärambal und das Lager der Seinen gerichtet. Und auch die diebischen Absichten Wahns waren ihm nicht entgangen. Und so ließ er ihn seine gerechte Strafe finden. Kaum daß der Krähenmann die Insel der Geheimnisse betreten wollte, verzauberte er ihn. Und als die Männer des Graureiher-Klans hinunter zum Strand liefen, sahen sie das Boot mitsamt der Kokosschale und der Glut im Wasser treiben. Auf einem Paddel saß ein kleiner schwarzer Vogel. Nur vom Krähenmann war nichts zu sehen.

## Wie Yalgi vom Klan der Kora-Vogelmenschen zum Zauberer bestimmt wird, wie er zu den Dämonen der Angst und zu den Feuergeistern Kinkihns wandert und sie in ihrer Höhle besiegt

Man sagt, unsere Ahnen waren die ersten Menschen, die aus der Schöpferkraft des großen Kora-Vogelgeists hervorgegangen sind. Seitdem tragen unsere Leute den Namen dieses Vogels.
Eines Tages zu einer Zeit, als Bahlu, der Mond, groß und mächtig am Himmel stand, erreichte der Kora-Vogelklan wieder die alte Lagerstätte, die er schon im letzten Sommer bewohnt hatte.
»Hier bleiben wir«, bestimmte Gangu-Gangu, der alte Klanführer, und rammte seinen Speer in die Erde. »Die Ahnen haben diesen Platz gut gehütet.« Er blickte hinüber zu den Bergen. »Wir danken dir dafür, großer Kora-Geist«, murmelte er leise und ließ sich im Schatten eines großen Baums nieder. Kurz darauf war er eingeschlafen. Alle wußten, wenn Gangu-Gangu schlief, durfte er unter keinen Umständen geweckt werden. Oft ging dann sein Geist im Traum auf Wanderschaft, denn Gangu-Gangu war ein großer Wirinun, ein mächtiger Zauberer. Er allein konnte in die Ahnen- und Geisterwelt reisen.

Während Gangu-Gangu also schlief und von den Alten aufmerksam beobachtet wurde, machten sich die übrigen Leute des Kora-Klans an ihre Arbeit. Sie schlugen dünne Holzstangen, sammelten Rindenstücke und Blätter. Bald waren die Windschirme für die Feuerstellen errichtet, und noch bevor die Sonne den Boden berührte, saßen die Leute des Kora-Vogelklans an ihren Feuerstellen und kochten.

Nur Yalgi, der Sohn von Gangu-Gangus Sohn, saß abseits des Lagers auf einem kleinen Hügel und blickte über das weite Grasland. Und sein Geist reiste zu den Geschehnissen, die er in der vergangenen Zeit der großen Hitze erlebt hatte:

Es war drüben am Fuß der Berge gewesen, zwischen den Eukalyptushainen an einem kleinen verborgenen Wasserloch. Dort wurde Yalgi feierlich in den Männerbund der Kora aufgenommen. Und jetzt sah sein Geist wieder, wie damals die Alten ihn mit eindringlichen Worten, Gesten und Gebärden in die Klanregeln, Tabugesetze und Geheimnisse eingeweiht hatten. Nach all den heiligen Gesängen und Tänzen mußte er noch drei Nächte allein an der Wasserstelle bleiben.

»Das ist der Platz, wo du den unheimlichen Wesen der Nacht begegnen wirst. Halte deine Sinne wach, dann wird dir nichts geschehen«, sagte Gangu-Gangu noch, dann verschwand er spurlos im Busch. Mit großem Schaudern erinnerte sich Yalgi an jene drei Nächte, in denen er den Dämonen der Finsternis ausgesetzt war. Als er danach den Alten von seinen Begegnungen mit den Geistern der Nacht erzählte, schüttelten diese nur erstaunt ihre Köpfe und nickten. Gangu-Gangu aber war sehr stolz auf den Sohn seines Sohns.

»Die Ahnen«, sagte er, »haben klar entschieden: Yalgi soll den Weg eines Wirinun, eines Zauberers und Magiers gehen.«

»So ist es«, stimmten ihm die Alten einhellig zu.

Und so sollte es wohl auch wirklich kommen, denn im Laufe der vergangenen zehn Monde hatte Yalgi immer wieder Träume gehabt, die für seinen Klan von großer Bedeutung waren. So führten ihn die Ahnen im Traum zu drei neuen Wasserstellen, die Yalgi am Tag danach tatsächlich fand. So zeigten sie ihm eine Reihe von Pflanzen, deren Knollen eßbar waren. Und so entschloß sich Gangu-Gangu, mit seinem Klan an die Stelle von Yalgis Einweihung zurückzukehren, damit er das größte Geheimnis des Kora-Vogelklans erfahre.

Der Ruf des Kukaburra-Vogels ließ Yalgi aus seinen Gedanken aufwachen. Längst war die Dunkelheit hereingebrochen, und Yalgi kehrte eilig ins Lager der Seinen zurück.

Draußen im Busch heulte ein Rudel Beutelwölfe. »Hast du sie gehört?« fragte Gangu-Gangu. Yalgi nickte und aß weiter an seiner Yamsknolle. »Die Warragal haben Bahlu, den Mond, geweckt. Bald wird er vom Ostland her über den Himmel ziehen. Komm jetzt! Wir müssen uns auf den Weg machen!«

»Wohin?« fragte Yalgi und sah seinen Großvater erstaunt an.

»Jetzt ist nicht die Zeit, darüber zu sprechen«, antwortete Gangu-Gangu, »wir gehen in den Busch!«

Wortlos steckte Yalgi seinen Bumerang in den Rindengürtel, nahm Speer und Schleuder und folgte Gangu-Gangu.

»Wir sehen nach den heulenden Warragal«, rief Gangu-Gangu noch seinen Leuten zu, »vielleicht sind es aber auch Mingga, die Buschgeister, die uns zum Narren halten wollen. Bleibt also im Lager, bis wir wieder zurück sind.«
Die Männer des Klans kannten die geheime Bedeutung dieser Worte und sahen den beiden nach. Drüben, im Land wo die Sonne aufsteht, erwachte allmählich Bahlu, der Mond.
»Sehr gut, sehr gut«, murmelte Gangu-Gangu zufrieden, »jetzt werden sie alle da sein.«
Yalgi horchte auf: »Wer wird alles da sein, und wo?« fragte er sich im stillen, wagte es jedoch nicht, Gangu-Gangu anzusprechen. Unvermittelt blieb dieser stehen, wandte sich um und sah Yalgi durchdringend an.

»Mach dir darüber keine Gedanken«, sagte er ruhig und deutete hinüber zu den Bergen, »wenn es sein soll, wirst du sie sehen.«
Yalgi nickte. Ihm wurde klar, was diese Wanderung in die Nacht zu bedeuten hatte. »Gangu-Gangu will mir den heiligen Platz unserer Ahnen zeigen.«
Sie waren schon weit gegangen, als der Pfad durch ein weites Tal und vorbei an mehreren Wasserstellen führte und in einer Schlucht endete. Dort standen auf einem kleinen Platz drei schlanke, hohe Steinbrocken, groß wie Menschen.
»Das sind die zu Stein gewordenen drei Frauen, die die verbotene Nahrung gegessen haben«, erklärte Gangu-Gangu.
»Was war die verbotene Nahrung?« fragte Yalgi erschrocken.
»Die Eier des Kora-Vogels«, flüsterte Gangu-Gangu, »der große Kora-Geist hat sie dafür auf der Stelle bestraft.«
Yalgi nickte stumm. Sein Blick wanderte über die drei steinernen Säulen hinweg und verharrte am Eingang der Schlucht. Deutlich sah er die Umrisse zweier Männer, die reglos mit erhobenen Speeren vor dem schmalen Felsentor standen. Doch noch ehe Yalgi etwas sagen konnte, waren die beiden Schatten wieder verschwunden.
»Du hast sie also gesehen: Sirroo und Rurag, die Wächter unserer Ahnen, die Hüter unseres Ahnen-

reichs. Das ist ein gutes Zeichen.« Lautlos und voll Ehrfurcht betraten sie dann den heiligen Ort. Die Schlucht war sehr schmal, nur einen knappen Speerwurf breit. Hoch ragten die Felswände auf, durchzogen von Ritzen und Spalten. Gangu-Gangu blieb vor einer kleinen Öffnung stehen. Dort legte er seine Waffen ab und forderte Yalgi durch ein Handzeichen auf, das gleiche zu tun. Sie standen an der Schwelle zum Ahnenreich. Gangu-Gangu winkte ihm noch zu und war im nächsten Augenblick in der Felsspalte verschwunden.
Yalgi wagte kaum zu atmen. »Vor wem hast du Angst?« hörte er von fern eine unbekannte Stimme sagen, »geh weiter.« Wieder zögerte Yalgi, doch dann zwängte er sich entschlossen in den engen Felsspalt. Es war dunkel um in herum. »Geh weiter! Du darfst hier nicht bleiben«, mahnte die ferne Stimme. Vorsichtig tastete sich Yalgi durch die Höhle. Suchend glitten seine Hände an den Felswänden entlang und tappten in eine Nische. Seine Finger berührten etwas Loses. Als Yalgi danach greifen wollte, hörte er wieder die fremde Stimme, jetzt aber viel näher: »Halt! Laß ihn ruhen an seinem Platz.« Yalgi zuckte zusammen, er wußte nun, daß er sich in der Grabhöhle seiner Urväter befand. Plötzlich flammte ein helles Licht auf. Yalgi rieb sich die geblendeten Augen, die Felsenwände waren mit großen Ahnenbildern bemalt. Ein übermannshoher

Stein in Form eines Eis, vor dem ein rauchloses Feuer aufloderte, stand in der Höhlenmitte. Ein solches Feuer hatte Yalgi noch nie gesehen.
»Der Stein unseres Ursprungs«, dachte Yalgi.
»Setz dich an das heilige Feuer! Setz dich, schau das Licht deiner Ahnen!« befahl eine andere Stimme.
Schweigend tat Yalgi, wie ihm gesagt, und ließ sich an der Feuerstelle nieder. Das magische Licht flackerte, die Flammen teilten sich. Dahinter, wie mit einem Mal aus dem Boden gewachsen, saß Gangu-Gangu. Seine Augen hatten einen Ausdruck, den Yalgi noch nie gesehen hatte. »Was ist mit dir?« fragte Yalgi.
»Stelle jetzt keine Fragen«, sagte Gangu-Gangu ruhig, »sondern höre zu. Ein wahrer Wirinun weiß sich vor den Geistern der Angst zu schützen. Solange dich aber die unsichtbare Kraft beherrscht, wirst du nie ein heiliger Kora-Zauberer werden.« Gangu-Gangu blickte langsam um sich, immer wieder nickte er, so als würde er jemand begrüßen. Dann hob er seine Hand: »Nach dem Willen unserer Ahnen sollst du die größten Geheimnisse unseres Klans erfahren, sprich darüber nie auch nur ein Wort vor Fremden und Uneingeweihten. Bewahre alle Einzelheiten in deinem Herzen. Denn das wissen wir: Diese Geheimnisse werden dir nur einmal offenbart. Und das soll jetzt geschehen.«
Erschöpft und benommen erwachte Yalgi aus einer

traumähnlichen Verrückung. Schwer hob er die Augenlider und starrte in das magische Feuer. Immer wieder nickte er stumm oder schüttelte den Kopf.
Gangu-Gangu sah Yalgi lange an, dann stand er auf. »Auf was wartest du, laß uns gehen.« Ohne ein weiteres Wort verließen sie die Ahnenstätte und lagerten unweit davon an einer Wasserstelle. Während Gangu-Gangu einige Fettlarven über dem Feuer röstete, saß Yalgi immer noch schweigend vor dem Wasserloch. »Wie soll ich die Prüfung, die mir von den Ahnen auferlegt wurde, bestehen?« grübelte er.
»Du wirst es schaffen«, sagte Gangu-Gangu, während er mit einem Stock in das Lagerfeuer stach, und brach damit endlich das Schweigen. »Denke an deine besonderen Zauberkräfte, die dir in der Nacht übertragen wurden, mit diesen Kräften wirst du die Geister der Angst besiegen.«
Yalgis Augen leuchteten auf: »So werde ich es sicherlich schaffen.«
»Dann mach dich auf deinen Weg. Wenn du zurückkehrst, wird alles für das große Korrobori-Tanzfest vorbereitet sein.«
Dann brachen die beiden auf. Gangu-Gangu eilte ins Klanlager zurück, Yalgi strebte in jene Richtung, wo die Sonne den Boden nie berührt, dem Geisterberg entgegen. Endlich erreichte er den Schlangenfluß. Am jenseitigen Ufer begann das Land der Feuergeister und Dämonen. Noch nie hatte ein Mensch, der

über keine Zauberkräfte verfügte, ihre Wohngebiete betreten. Denn die wenigen, die es wagten, den flachen Fluß zu durchwaten, fanden noch im Wasser den sicheren Tod. Die Wächter der Feuergeister waren Giftnattern und Würgeschlangen, die hier wohnten. Yalgi wußte von dieser Gefahr, aber er wußte auch von den Zauberkräften, die er bekommen hatte.

Es dauerte nicht lange, da hörte Yalgi den schweren Flügelschlag eines großen Nachtvogels. Und schon saß ein häßlicher Feuergeistdämon zu seinen Füßen. Er war steingrau, seine Augen leuchteten glühend rot, und aus seiner Stirn ragten kleine, spitze Hörner. »Hab keine Angst! Ich bin ein Kinkihn. Ich bin ein Freund aller Menschen«, heuchelte das Wesen und grinste Yalgi hämisch an. »Ich sah dich von unserem Wohnplatz aus und bin sogleich gekommen. Wenn du willst, bringe ich dich in unser Felsenhaus und zeige dir alle unsere Geheimnisse. Natürlich bist du unser Gast. An nichts, an keinen Freuden, auch nicht an Essen und Trinken soll es dir fehlen! Komm mit!«

»Ich weiß nicht«, sagte Yalgi vorsichtig stockend, »laß mir etwas Zeit, die Einladung zu überdenken.«

»Aber natürlich, überdenke alles in aller Ruhe«, erwiderte der Kinkihn mit hinterlistigem Lächeln.

»Sehr gut«, dachte Yalgi, »der Feuergeist soll fest an meine Unwissenheit glauben.«

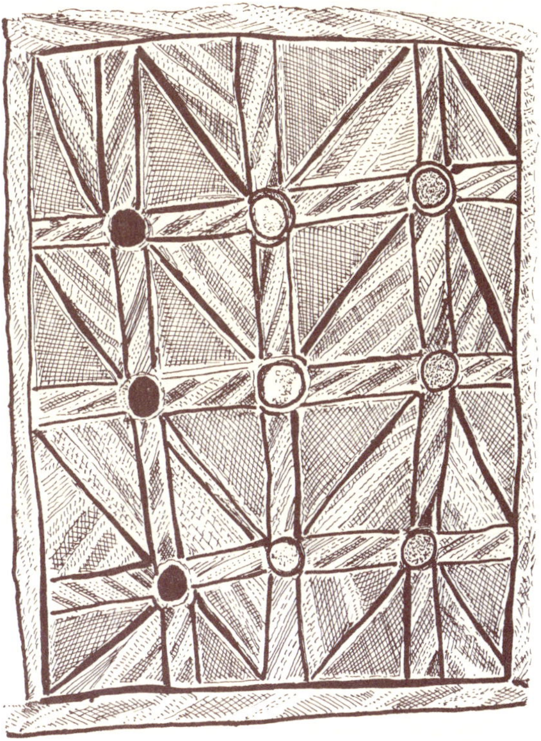

Doch nach einer Weile wurde der Kinkihn ungeduldig und fragte: »Sag, wie hast du dich denn nun entschieden?«
Yalgi zog die Brauen hoch: »Wenn es stimmt, was über euch Kinkihns so alles erzählt wird, dann ziehe ich es lieber vor...«
»Ach was, das sind doch alles nur Lügengeschichten«, unterbrach ihn der Kinkihn und lachte laut und hell auf.
»Aber es sind böse Geschichten«, fuhr Yalgi unbeirrt fort, »man sagt sogar, daß ihr uns Menschen nicht gut gesinnt seid. Ihr würdet uns in den Hinterhalt locken und dort töten!«
»Was, so Schlimmes spricht man über uns«, heuchelte der Kinkihn in vorgetäuschter Entrüstung weiter. »Aber du kannst mir glauben, wir sind zu allen gut Freund. Komm mit, ich will es dir beweisen!«
Und so willigte Yalgi schließlich ein und wollte losgehen. »Aber du mußt doch nicht gehen, halte dich einfach auf meinem Rücken fest, meine Flügel können uns beide tragen«, sagte der Kinkihn mit falscher Höflichkeit, entfaltete seine Flügel, begann sie mächtig zu schwingen und hob vom Boden ab.
Der Flug dauerte nicht lange. Bald hatten sie die schroffen Felsen des Geisterbergs erreicht und landeten vor dem Eingang einer Höhle. Viele, sehr viele von den Kinkihns kamen von allen Seiten herangeflattert und lachten und tanzten vor Freude. Andere

schoben und drängten sich aus Felsspalten und Löchern und fielen in den Jubel ein. Im Nu war Yalgi von einer lärmenden Geisterschar umringt.
»Siehst du, wir alle freuen uns über deinen Besuch«, sagte der Kinkihn und sah Yalgi verschmitzt an. Yalgi schüttelte den Kopf. Mit solch einem Empfang hatte er wirklich nicht gerechnet.
»Komm, wir gehen gleich in die Höhle, unsere Alten wollen dich begrüßen.« Vorsichtig und voll Argwohn folgte Yalgi dem Feuergeist in den dunklen Höhlengang. Entlang den Wänden saßen zu beiden Seiten dämonenhafte Wesen und sahen Yalgi mit drohenden Blicken an. Die Geister der Angst, die sich vor Yalgis Blicken unsichtbar gemacht hatten, schlichen lautlos hinter ihm her. Doch Yalgi hatte sie durch die Kraft seines magischen Sehens längst erkannt und durchschaut. Nach mehreren Windungen endete der Gang in einem riesigen Höhlenraum. In seiner Mitte befand sich ein tiefes Loch, aus dem es gefährlich zischte und brodelte. Immer wieder loderten Flammenzungen empor, die von allen Kinkihns mit einem Jubelschrei begrüßt wurden.
Yalgi war sich nun sicher, er befand sich direkt in der Wohnhöhle des Feuergotts. Ein sehr alter Feuergeist ging auf Yalgi zu und hieß ihn willkommen. »Setze dich, mein Freund«, sagte er mit ernster Stimme. »Sei unser Ehrengast. Hier ist der beste Wohnplatz, den es gibt.«

»Du hast recht«, räumte Yalgi ein. »Ich kenne auch keinen besseren. Er bietet für alle Schutz.«
»So ist es, mein Freund«, kreischte der Alte. »Hier bist du sicher vor der grellen Sonne und vor allen Feinden. Du mußt nicht frieren, und auch zu essen ist reichlich vorhanden.«
Yalgi spürte sofort die List hinter den lügenden Blicken der Alten, die sich um ihn drängten. »Vor welchen Feinden müßt ihr euch schützen?« fragte Yalgi. »Bei uns Menschen sagt man, ihr hättet keine Feinde.«
»Ja ..., eigentlich nein ..., doch ...«, stotterte der Alte. »Feinde, damit meinen wir die gefährlichen Tiere und die Dämonen der Nacht, vor denen wir uns hier schützten. Doch, was reden wir da! Laß uns von Freudvollerem sprechen. Du sollst wissen, wir haben heute Nacht das große Opferfest zu Ehren unseres Feuergottes. Als unser Gast und Freund sollst du daran teilnehmen. Es wird dir gefallen.«
»Ich wollte wieder zu meinen Leuten zurückkehren, bevor die Sonne den Boden berührt hat«, entgegnete Yalgi nachdenklich.
»Das hat doch noch Zeit bis morgen, wenn wir die Sonne wieder sehen«, meinte der Alte, »ein solches Fest hast du noch nie in deinem Leben erlebt. Die schönsten und jüngsten unserer Frauen zeigen dir den heiligen Emu-Tanz. Aber das ist noch nicht alles. Du sollst in unser größtes Geheimnis einge-

weiht werden, mehr jedoch will ich dir jetzt noch nicht verraten.«

»Nun, wenn es so ist, dann bleibe ich«, sagte Yalgi.

»Ich wußte es!« schrie der Alte entzückt auf und warf jubelnd den Kopf hoch. Gleichzeitig mit ihm schrien und tobten, tanzten und lachten alle Kinkihns und alle Dämonen der Nacht.

In der Höhle dröhnte es, Yalgi spürte, daß der Augenblick seines Handelns gekommen war. Er nahm zwei Holzstäbe und zwängte sich durch die tobenden Geister. Keiner von ihnen hegte Mißtrauen. So konnte sich Yalgi unbemerkt an der Wand entlang ganz nach hinten in die Höhle schleichen. Mit großer Gewandtheit erklomm er den Felsen, der zwei Speerlängen hoch über dem Feuerloch aus der steilen Wand ragte. Dann begann er, die Stöcke gegeneinanderzuschlagen und im Takt zu tanzen.

Mit einem Mal verstummte das Geschrei der Feuergeister. Sie hatten Yalgi entdeckt. Entsetzt starrten alle Kinkihns zu Yalgi auf.

»Wie kannst du es wagen, unseren Opferplatz zu entweihen?« krächzte aufgebracht der Älteste. »Du wirst mit deinem Leben dafür bezahlen müssen. Wir werden dich unserem Feuergott opfern.«

Yalgi schüttelte den Kopf: »Er wird mich nicht als Opfer nehmen, weil ein Schänder nie ein würdiges Opfer ist. Ihr selbst habt gesagt, ich sei euer Freund und Gast. So gewährt mir den Wunsch, für euch und zu Ehren eures Feuergottes den heiligsten Tanz aller Tänze zu tanzen.«

Dumpf murmelten die Kinkihns in ihrer Versammlungshöhle. »Gut«, sagte der Alte, »diesen Tanz wollen wir sehen.«

Yalgi nickte und begann, seine Hölzer zu schlagen und zu tanzen. Immer schneller wurden seine Schritte, immer beschwörender sein Gesang.

Den Kinkihns schien das zu gefallen. Selbst die Alten folgten seinen Schritten und drehten sich wild im Kreis. So hörten sie weder das Summen noch das Sausen, das mit einem Mal drohend in der Luft lag. Denn ein gewaltiger Wirbel wirbelte über dem Feuerloch, packte die Kinkihns und stieß sie allesamt in den feurigen Schlund. Yalgi floh, so schnell er konnte, aus dem Geisterberg, der hinter ihm mit Donnern zusammenbrach. Noch viele Monde erinnerte eine hohe Säule aus gelbem, stinkendem Rauch an jene Stelle, an der Yalgi die Geister und Dämonen der Angst besiegte.

## Wie Marmuh, der mächtigste aller Dämonen, die Leute vom Klan der Graureiher verzaubert und Algarra, der Medizinmann, die bösen Geister vertreibt

»Hört, ihr Menschen«, rief eine kraftvolle Stimme den Schlafenden im Traum zu. »Hört, ihr Menschen! Hier könnt ihr nicht lagern, denn dieses Tal ist verzaubert. So verlaßt es, noch bevor sich die Sonne erhebt. Hört ihr, noch bevor sich die Sonne erhebt! Und kommt an diesen Platz nie wieder zurück, denn er bringt euch nur Unheil. Marmuh, der mächtigste Dämon der Schattenwelt, und seine Geister bewohnen diesen Platz.«

Wie vom Donner gerührt, schreckten die Leute von ihrem Nachtlager hoch. »Wer hat zu uns gesprochen?« fragten sie und sahen sich erschrocken um. Doch niemand wußte eine Antwort.

»Wo ist Algarra? Wir müssen ihn fragen«, rief Kawale, einer der Ihren, und stand auf. »Er ist fortgegangen«, antwortete Yagu, der Klanälteste, und zeigte mit ausgestreckter Hand hinüber zu den Felsen jenseits des Tals. »Aber dann ist Algarra verloren! Marmuh und seine Dämonen werden ihn verzaubern. Wir müssen zu ihm! Wir müssen ihn warnen!« schrie Kawale voll Entsetzen und wollte schon loslaufen.

Doch Yagu hielt ihn fest. »Zweifelst du etwa an Algarras Zauberkräften? Niemand kann sich vor Marmuhs Macht besser schützen als Algarra. Bleib also hier! Wir warten einstweilen auf Algarra. Wenn er von seiner Traumreise zurückkommt, wird er uns sagen, was zu tun ist.«

»So ist es!« hörten plötzlich alle die Stimme von Algarra, der mit einem Mal aus der Dunkelheit auf den Lagerplatz trat. Schweigend und mit ernstem Blick setzte er sich an die Feuerstelle und starrte in die Glut. Keiner wagte ihn anzusprechen. Plötzlich brach Algarra in schallendes Hohngelächter aus. Sein Körper bebte und zitterte und ließ den Boden um sich vibrieren. Im nächsten Augenblick schossen mannshohe Flammen aus dem rotglimmenden Feuer empor. Es war, als würde die Erde Feuer speien. Die Männer traten erschrocken einige Schritte zurück, die Frauen kreischten, die Kinder heulten. Zwischen dem Gebrause und Gedonner war hell und klar Algarras schauriges Lachen zu hören. Yagu und die anderen Männer erschraken noch mehr, als sie sahen, wie um Algarra herum kleine Flammen aus dem Boden züngelten. Sie bewegten sich hin und her, als würden sie zum Klang seines Spottgelächters tanzen. Mit Schrecken und Angst sahen alle dem unheimlichen Geschehen zu.

»Was hat das nur zu bedeuten?« fragte sich Yagu. »Und warum hat sich Algarra mit den Feuerdämonen

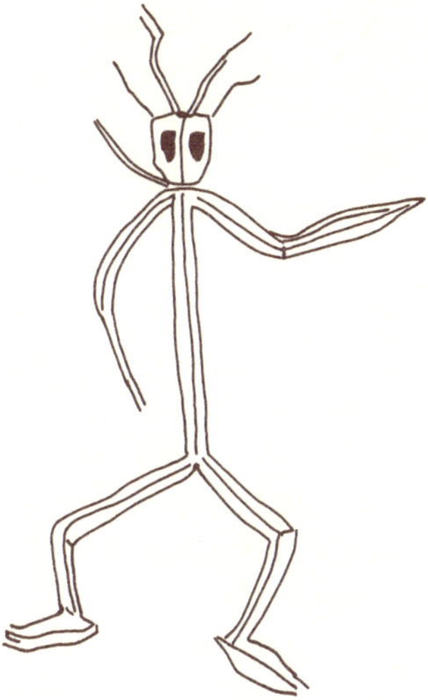

eingelassen? Hat er sich gar mit ihnen verbündet?« Jedoch im nächsten Moment erlosch das Feuer, und Algarras Gelächter verstummte.

»Algarra, sag, bist du wohlauf? Ist dir etwas passiert?« riefen die Männer aufgeregt und eilten an die erloschene Feuerstelle. Doch Algarra war nicht zu sehen. Es schien, als hätte er sich in ein Geistwesen verwandelt. Yagu untersuchte die Feuerstelle. »Das ist Zauberei«, murmelte er und fuhr mit der Hand durch die Asche. Der Boden, die Asche, alles war kalt. So als hätte hier nie Feuer gebrannt. Kopfschüttelnd stand Yagu auf und schaute in die ratlosen Gesichter seiner Leute, dann ging sein Blick hinüber zu den Felsen.

»Algarra, wo bist du? So antworte doch!« schrie er mehrmals aus vollem Hals. Erwartungsvoll schwiegen die Männer und lauschten in die dunkle Nacht hinaus. Doch außer dem Gesang der Grillen war kein Laut zu hören.

»Laßt uns von hier fortgehen«, drängte Kawale. »Wer weiß, was mit Algarra geschehen ist. Vielleicht hat ihn Marmuh längst in seiner Gewalt.«
»Psst, psst!« zischte Kaya, der erfahrenste Jäger des Klans, und deutete hinüber zu den Felsen. »Hört doch das Rufen!« Von Ferne trug der Wind eine schwache Stimme von den Felsen herüber an ihre Ohren. »Algarra!« flüsterten sie alle leise und verschreckt. »Doch wie ist das möglich, er war doch eben noch hier. Wir haben ihn doch alle gesehen.« Yagu nickte nachdenklich und blickte auf die verloschene Feuerstelle.
»Algarra! Endlich! Da bist du!« riefen die Klanleute, als er atemlos und schwer keuchend den Lagerplatz erreichte. Erschöpft ließ er sich auf sein Känguruhfell fallen. In seinem Gesicht stand große Anstrengung, Algarra mußte schlimmen Zauber erlebt haben.
»Algarra, so hör mich an«, schrie Kawale. »Eben warst du noch hier an der Feuerstelle, dann bist du in den Flammen gesessen. Dann hat dich die Erde verschlungen. Wie kann es sein, daß du nun von den Felsen herüber zu uns kommst?«
Algarra hob müde und schwer seine Hand. »Ich habe Unheil kommen sehen«, erklärte er fast tonlos. »Ich konnte euch nicht warnen. Ich mußte mit all meinen Zauberkräften kämpfen, um Marmuh zu vertreiben und um uns alle vor großem Unglück zu bewahren. Doch beruhigt euch Männer, schweigt

und hört mir zu. Was geschah, das will ich euch später erzählen. Doch jetzt dürfen wir keine Zeit verlieren. Noch bevor wir die Sonne wieder sehen, müssen wir dieses verzauberte Tal verlassen. Nehmt also eure Felle, eure Speere, ruft die Frauen und die Kinder, löscht das Feuer und folgt mir!«

Als die Sonne im Land des Ostens erschien, hatten Algarra und die Seinen das verzauberte Tal bereits weit hinter sich. In langer Reihe zogen sie durch die Weite der Nordlandwüste. »Wir müssen nach einem Wasserloch suchen«, meinte Yagu besorgt, »unsere Frauen und Kinder leiden großen Durst.«

»Die Wasserstelle ist noch so weit entfernt, wie uns Marmuh und seine Dämonen nahe sind. Wir können hier nicht bleiben und suchen. Hier gibt es kein Wasser. Hier ist der Tod näher als das Leben. Und Marmuh kann uns immer noch verfolgen. Er will uns verzaubern und für alle Zeit in sein finsteres Reich locken. Und noch eins sollt ihr wissen: Marmuh ist ein Meister der List und Täuschung. Er kann euch als Tier oder als Mensch begegnen. Also seid wachsam und auf der Hut. Heute abend werden wir vor einem großen Wasserloch lagern«, mahnte Algarra zum Weiterziehen.

Schweigend blickten Yagu und die anderen über den trockenen, staubigen Steppengrasboden. Doch keiner widersprach. Und so setzten sie stumm ihren beschwerlichen Weg fort. Und kurz nachdem die

Sonne den Boden berührt hatte, erreichten sie einen kleinen Wald, in dessen Mitte eine klare Wasserstelle lag.
»Dank dir, Algarra«, riefen die Leute und ließen sich erschöpft nieder. Doch Algarra warnte weiter: »Die Gefahr ist noch nicht vorüber. Marmuh und seine Dämonen werden ihr Unwesen weiterhin treiben. Wähnt euch nicht in Sicherheit! Denkt an die Warnung, die ihr alle im Traum vernommen habt! Seid wachsam und auf der Hut! Doch nun entzündet die Feuer und richtet das Lager«, befahl Algarra und wandte sich Yagu zu.
»Komm mit mir, wir haben noch viel zu tun«, sagte er leise und verschwand mit ihm im Busch. »Seit wir das Tal der Dämonen verlassen haben, lastet in mir eine schreckliche Ahnung. Ich spüre, daß Marmuh uns verfolgt und auf unserer Fährte ist. Er wird uns suchen, und es wird ihm ein leichtes Spiel sein, unseren Spuren zu folgen.«
»Wie können wir uns vor ihm schützen?« fiel ihm Yagu aufgeregt ins Wort.
»Ich werde dich in ein großes Geheimnis einweihen«, antwortete Algarra, »höre mir gut zu, und merke dir alles ganz genau. Du wirst mein Nachfolger und der Hüter aller Geheimnisse, du wirst der Wirinun, der Zauberer unseres Klans werden.«
Yagu sah Algarra mit großen, fragenden und traurigen Augen an: »Du sprichst, als würdest du uns bald

verlassen«, kam es schließlich zögernd und voll Wehmut über seine Lippen.
Algarra nickte und schwieg eine Weile. »Ich stehe vor der letzten großen Aufgabe, die ich als Wirinun unseres Klans zu lösen habe. Ich werde euch von den Fesseln der Angst und des Schreckens befreien. Ich werde Marmuh vernichten.«
Yagu erschrak so sehr, daß er die Sprache verlor. Als er ihr wieder mächtig war, fragte er voll großer Sorge: »Wirst du bei uns bleiben?«
Ein stummer Blick war Algarras Antwort. Yagu hatte verstanden. Schweigend zogen sie weiter bis zum anderen Rand des kleinen Walds. Vor ihnen lag dunkel und geheimnisvoll die Wüste, durch die sie gewandert waren.
»Ich will dich jetzt lehren, wie du mit Zauberworten unseren Klan vor bösen Geistern beschützen kannst. Merke dir meine Worte ganz genau«, unterbrach Algarra die Stille. Dann wandte er sich einem Baum zu und berührte ihn mit der Hand. »Suche dir einen Baum aus, und sage dem Geist des Baums, daß du seine Hilfe brauchst, bitte ihn, er möge dir acht Zweige geben, und bedanke dich bei ihm. Breche die Stöckchen und entrinde sie. Dann ritze die Haut eines deiner Finger und sauge etwas Blut. Mit deinem Speichel und deinem Blut reibe nun die Stöckchen ein. Dann ...«, Algarras Mund berührte nun fast Yagus Ohr, »dann spreche diese mächtigen Zauber-

worte.« Yagu hörte mit geschlossenen Augen zu, dann sah er Algarra an und nickte.
»Nun bespreche jedes einzelne Stöckchen mit diesen Zauberworten«, fuhr Algarra fort. Wieder nickte Yagu, ohne zu antworten. »Dann stecke zwei Stäbchen gekreuzt in die Erde. Mache dies in allen Ecken des Himmels. Das macht den Platz sicher vor allen bösen Geistern und Dämonen der Nacht. Sie werden das Lager meiden wie die Fledermaus den hellen Tag. Von nun an müssen du und deine Nachfolger die Lagerplätze jede Nacht mit diesem Zauber belegen. Nur so findet ihr Sicherheit vor allen Wesen der Dunkelheit.«
Yagu nahm Algarras Hand. Wortlos kehrten sie ins Klanlager zurück. Die Frauen und Kinder schliefen bereits, während die Männer an den Feuerstellen noch leise sprachen.
»Ich werde euch die Nacht über bewachen«, sagte Algarra und setzte sich an das größte Feuer. Dort wartete er. Rundum wurde es immer stiller. Die Rufe der Nachtvögel verstummten und auch das Zirpen der Zikaden. Er wußte, es würde bald geschehen. So saß er vor dem Feuer, starrte in die Flammen und wartete.
Am anderen Morgen herrschte großes Entsetzen im Lager. Wie von einem Skorpion gestochen, sprang Kawale von seinem Schlafplatz auf. Mit beiden Händen packte er sich bei seinen langen, welligen Haa-

ren, blickte wirr um sich, klatschte in die Hände und rief: »Heej heej, wacht auf und hört mich an, heej, heej, hihi!« Dabei klang es wie das Lachen von Marmuh, der die Nacht in Gestalt von Algarra an der Feuerstelle saß. »Heej heej, hihi. Seid ihr alle wach. Ich will euch meinen Traum erzählen!«
Erschrocken verfolgten die Leute Kawales seltsames Gebaren. Gleich einem Känguruh hüpfte er auf und ab, sprang über die Feuerstellen hinweg und lachte dabei unentwegt. Mit einem Mal machte er kehrt, blieb an der großen Feuerstelle stehen und begann sich schnell wie ein Windwirbel zu drehen. Algarra, der das Schauspiel bisher regungslos verfolgt hatte, erhob sich und ging langsam auf Kawale zu. Schnell, wie der Blitz zuckt, umklammerten seine Arme Kawales Körper und hielten ihn fest.
»Was willst du von mir? Laß mich gefälligst los!« tobte Kawale.

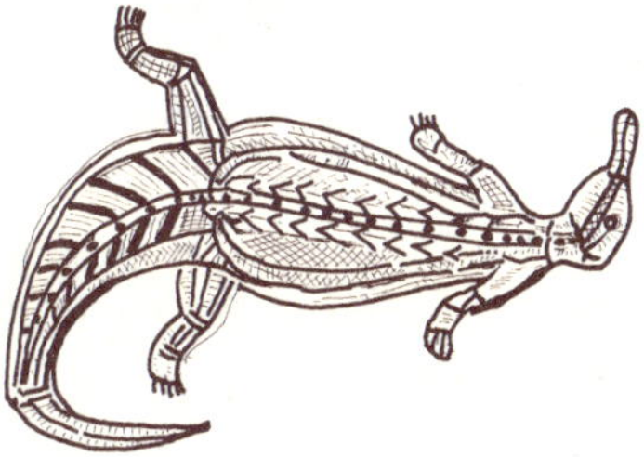

»Sieh mich an, sieh mir in die Augen!« befahl Algarra. Und schon hatte er volle Gewißheit: Aus den Augen Kawales starrte Marmuhs dämonischer Blick.
»Töte mich doch, wenn du kannst!« keifte Kawale spöttisch. Doch Algarra sprach eines seiner mächtigen Zauberworte, Kawale bäumte sich auf, stieß einen wilden Schrei aus und sank kraftlos zu Boden.
»Was ist mit Kawale?« stammelte Yagu, der alles ganz genau beobachtet hatte.
»Er ist noch bei uns, bald werden seine Sinne wieder erwachen und seine Kräfte zurückkehren«, beruhigte Algarra mit sanfter Stimme.
»Und wo ist Marmuh?« fragte Yagu ängstlich weiter.
»Der ist wütend aus Kawale herausgefahren und hat sich irgendwo im Busch versteckt. Er wird wiederkommen. Natürlich hätte ich Kawale töten können. Aber hätte ich Kawales Leben für Marmuh opfern sollen?«
Kaum daß Algarra so gesprochen hatte, erwachte Kawale auch schon aus seinem tiefen Schlaf. »Was ist passiert?« wollte er von den um ihn Herumstehenden wissen.
»Das können wir dir nicht sagen, doch versuche, dich zu erinnern«, beschwor ihn Algarra. »Was geschah, nachdem du eingeschlafen warst?«
Doch Kawale wußte von nichts mehr, nur daß ihn eine Stimme im Traum angesprochen habe, die ihn zu einem großen Baum gelockt habe. »Dort wartet

ein guter Freund auf dich. Er wird dich zu einem geheimen Versteck führen, wo es Honig und viele andere köstliche Leckereien gibt«, habe die Stimme ihn verführt.

»Kümmert euch um ihn und bleibt im Lager«, sagte darauf Algarra, »ich werde jetzt Marmuh suchen und für immer unschädlich machen.« Er nahm seine Netztasche, den Bumerang und den Wurfspeer und machte sich auf den Weg.

Yagu sah ihm noch so lange nach, bis er in der Ferne als kleines flimmerndes Wesen verschwand.

Die Sonne stand noch hoch über den Bergen, als Algarra die grünen Hügel erreichte. Vor ihm lag trügerisch ruhig das Tal der Dämonen. Drüben am Fuß der steil aufragenden Felsen stand der große Baum. Algarra rannte durch das hohe Farngras, sprang über einen kleinen Bach und strebte geradewegs dem Baum entgegen.

»Da bist du ja«, rief ihm eine Stimme entgegen, »ich habe schon auf dich gewartet.« Hinter dem Stamm trat eine schwarze Gestalt, einem Menschen nicht unähnlich, hervor, war aber im nächsten Augenblick schon wieder verschwunden.

»Heej, hihi«, tönte es hämisch hinter dem Baum, und schon huschte ein riesiger Emu hinter dem Stamm hervor und lief davon. Algarra warf seinen Bumerang und brachte das Tier zu Fall. Noch ehe sich der Vogel wieder aufrichten konnte, traf ihn

Algarras Speer. Eilig trug Algarra trockenes Holz und Reisig zusammen, entzündete den Scheiterhaufen und warf den Emu in die Flammen. Dabei sprach er gewaltige Zauberworte, die Marmuhs Geist im Emu und im Feuer gefangen hielten.

Als der Körper des Vogels endlich in der Glut zerfiel, war Algarras große Tat vollbracht. Kaum war dies geschehen, verwandelte sich sein Körper auf wundersame Weise. Wo soeben noch Algarra gesessen hatte, stand auf einmal ein großer, prächtiger Graureiher. Er schüttelte kurz seine Federn, breitete die Flügel aus, schwang sie auf und ab und erhob sich in die Lüfte.

Noch bevor die Sonne den Boden berührte, kam Algarra in sein Klanlager zurück, das er dreimal in Baumhöhe umkreiste. Und die Leute erkannten ihren Klanvogel und winkten ihm zu. Und während noch Algarra ins Ahnenreich flog, tanzte und sang Yagu mit seinen Leuten das große Korrobori.

## Wie der Medizinmann Yaobeda auf seinem Weg ins Ahnenreich von den Dämonen der Finsternis eingefangen wird und wie Ngunyari und Mirragen ihn mit Zauberkraft befreien

Sieben Nächte dauerte jetzt schon das geheimnisvolle Ritual drüben in den Bergen, wo der Fuß des Regenbogens den Boden berührt. Doch dann, nach sieben Nächten, verstummte der Gesang der Medizinmänner. Allein das Knistern des Höhlenfeuers war noch zu hören. Ohne Kraft lag Mirragen am Boden, während die Alten um ihn standen und auf ihn blickten.

»Steh auf, Mirragen!« rief Yaobeda, der älteste der versammelten Medizinmänner, und steckte das Mai-Angari, das heilige Schwirrholz, in dem die Stimmen der Ahnengeister wohnen, in die schmale Felsenspalte zurück. »Hörst du, Mirragen, komm zurück von deiner Traumreise!« hallte jetzt Yaobedas Stimme schneidend durch den Höhlenraum. » Steh auf! Du darfst nicht weitergehen«, schrie er ihn an und riß ihn hoch.

»Was ist mit mir geschehen?« Mirragen blickte hilfesuchend in die Gesichter der Männer.

»Es ist das geschehen, was geschehen sollte. Aber sag uns, hast du sie gesehen?« fragte Yaobeda mit

Ungeduld und ließ Mirragen nicht aus den Augen.
»Was? Wen? Ich soll etwas gesehen haben? Ja, jetzt erkenne ich sie wieder. Ich habe sie alle gesehen. Es war so, wie du mir erzählt hast.«
»Gut, das ist sehr gut«, meinte Yaobeda, dann nahm er Mirragens Hand und führte ihn aus der Höhle.
»Dann erfülle die letzte Prüfung. Sieh hoch zum Himmel und sage, was du siehst«, befahl Yaobeda.
Mirragens Blicke gingen suchend über den Sternenhimmel. Er sah die nicht zu zählenden Brüder und Schwestern von Baiame, dem Schöpfergeist, von Bahlu, dem Mond, und Yhi, der Sonne. »Da! Da ist er, ich kann ihn erkennen.« Voll Ehrfurcht deutete Mirragen in den Himmel. »Das muß Walanganda, unser Hüter sein. Er liegt weit ausgestreckt am Himmel, mit den Federn des weißen Kakadu. Und seht nur, er trägt das Mai-Angari. Niemand sonst trägt das Mai-Angari.«
»So ist es!« rief Yaobeda und umarmte seinen Sohn.
Ohne weitere Worte miteinander zu sprechen, gingen sie und die anderen Medizinmänner zurück in die Höhle und setzten sich um das heilige Feuer.
»Deine Fähigkeiten zum Ban-Mann hast du in allen Prüfungen bewiesen«, begann Yaobeda feierlich zu sprechen. »Die Ahnengeister haben dir den Weg des Walanganda gezeigt. Jetzt wissen wir, daß Walanganda dich zu meinem Nachfolger bestimmt hat. Viele Geheimnisse werden dir noch im Laufe deines

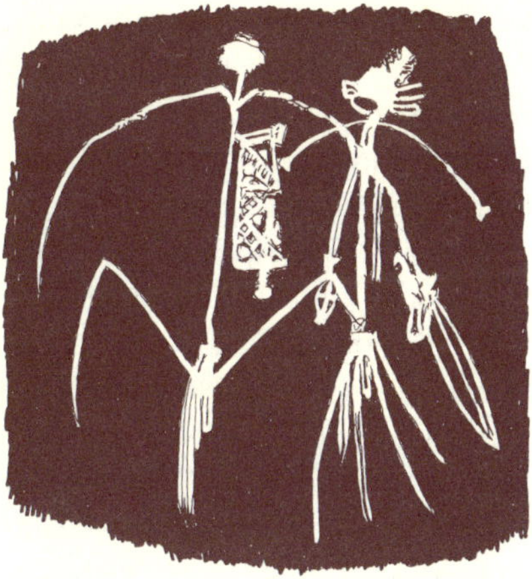

Lebens in großen Träumen offenbart werden. Erkenne ihre geheimen Zeichen und ihre Bedeutungen. Und achte die Gesetze, die uns Walanganda gegeben hat. Wache über sie und hüte alle Geheimnisse. Nur dann werden dich die geheimnisvollen Kräfte, die Walanganda dir gegeben hat, nicht verlassen. Doch gebrauche deine Zauberkräfte nur zum Wohl unseres Klans.« Mirragen nickte. Dann sprach sein Vater weiter: »Walanganda, ich habe getan, was ich tun mußte. Meine Zeit ist gekommen. Laß mich nun in das Reich unserer Ahnen gehen.«
Kaum waren diese Worte gesprochen, erlosch auch das heilige Feuer. Mit einem Mal durchzog ein kalter Wind die dunkle Höhle. Mirragens Hände tasteten

sich vorsichtig an die Stelle, wo sein Vater gestanden hatte. »Wo bist du?« fragte er in die Finsternis. Da flammte das Feuer wieder hoch und loderte gleißend hell. Erschrocken sprang Mirragen zurück. Er sah die Ban-Männer seines Klans, die bewegungslos vor der Feuerstelle saßen. Dann brannte das Feuer wieder so ruhig und gleichmäßig, als wäre es nie verloschen. In großer Eile durchsuchte Mirragen alle Felskammern, Nischen und Spalten der Höhle. Doch Yaobeda blieb verschwunden.

»Was ist mit dir?« fragte der alte Ngunyari vom Fledermaus-Klan. »Hast du nicht den Wunsch deines Vaters gehört? Hast du nicht gehört, wie er zu Walanganda gesprochen hat?«

Mirragen schwieg und starrte in die Flammen. »Dein Vater ist ins Ahnenreich gegangen«, sagte Ngunyari mit sanfter Stimme.

Mirragen begann zu weinen und preßte seine Hände vors Gesicht. Doch plötzlich hörten sie eine Stimme aus den Felswänden sprechen. Ratlos sahen sich Mirragen und die anderen Medizinmänner an. »Wer hat zu uns gesprochen?« fragten sie sich.

Und wieder hörten sie die fremde Stimme aus den Felswänden: »Sucht nicht nach mir, ihr könnt mich nicht sehen, obwohl ich bei euch bin. Also blickt in das heilige Feuer und beruhigt eure Sinne.«

Schweigend starrten die Männer wieder in die Flammen. War es Yaobeda, der da zu ihnen gesprochen

hatte? Oder war es ein Dämon, der da eines seiner listigen Spiele mit ihnen trieb? Wortlos faßten sie sich an den Händen und bildeten den magischen Kreis um das Feuer. Wäre jetzt Djanba, der Wüstendämon, unter ihnen, so würde dieser mit heulendem Getöse durch die Höhle toben und aus ihr fliehen. Doch nichts geschah. Plötzlich war die Stimme wieder zu hören. Jetzt sprach sie aus dem Feuer.
»Wir wollen wissen, wer hier unter uns ist«, unterbrach Ngunyari die Geisterstimme und blickte voll Argwohn in die Flammen.
»Ich bin Kaluru, ein Bote von Wuluwait, und habe euch Wichtiges mitzuteilen. Hört mir also zu, ihr Ban-Männer des Unambal-Stammes. Schlimmes ist geschehen. Yaobeda, euer großer Medizinmann, wurde entführt. Man hat ihn mit großer List getäuscht, so wie ihr alle, die ihr hier versammelt seid, mit großer List getäuscht wurdet. Ihr wart unachtsam. Denn als Yaobeda zu Walanganda sprach, lauerten bereits die Dämonen der Finsternis vor der Höhle. Täuschend ähnlich stimmten sie den Gesang eurer Ahnen an und warteten nur auf den Augenblick von Yaobedas Verwandlung. Dann schlugen sie zu. Wuluwait, der Wächter des Totenreichs, konnte die schlimme Tat nicht verhindern.«
»Was sollen wir jetzt tun?« fragten die Medizinmänner mit großer Sorge in das Feuer hinein. »Wir müssen Yaobeda befreien!« waren sich alle einig.

»Seid gewarnt! Handelt nicht ohne Überlegung und Vorsicht. Es besteht allergrößte Gefahr. Denn die Tat ist das Werk der mächtigsten Wesen der Schattenwelt. Womöglich sogar von Marmuh selbst.«

»Aber wie soll es dann weitergehen?« fragten die Ban-Männer in die Flammen hinein. »Was können wir unternehmen?«

»Wartet hier, bis ich zurück bin!« sagte Kaluru mit fester Stimme. Sogleich fegte ein kalter Wind über die Köpfe der Männer hinweg. Kaluru hatte sich auf den Weg ins Ahnenreich gemacht, um von Wuluwait neue Weisungen zu erhalten. Währenddessen saßen die Männer mit sorgenvollen Gesichtern um das Feuer, über dem – keiner wußte, woher sie gekommen war – eine Fledermaus flatterte, so groß, wie sie noch keiner der Medizinmänner je gesehen hatte.

»Folgt mir, ich zeige euch den Weg zu Yaobeda!« befahl die Fledermaus. »Und macht schnell, denn Yaobeda befindet sich in großer Gefahr. Mirragen wollte sofort aufspringen, doch Ngunyari riß ihn wieder zu Boden.

»Bleib hier«, zischte er, ohne die Fledermaus aus den Augen zu lassen. »Wer bist du?« wollte Ngunyari von ihr wissen.

»Niemandem ist es erlaubt, mich zu fragen«, antwortete die Fledermaus scharf: »Macht euch mit mir auf den Weg, wenn ihr Yaobeda retten wollt.«

»Natürlich wollen wir ihn retten«, rief Ngunyari der

Fledermaus zu und gab den Medizinmännern das geheime Zeichen, den Schutzkreis zu schließen.
»Hört auf damit!« kreischte die Fledermaus mit schmerzvoller Stimme. »Warum tut ihr das? Ich will euch und Yaobeda doch nur helfen.« Doch die Ban-Männer hielten sich unbeirrt an den Händen und sprachen mächtige Zauberworte. Mit schwerem Flügelgeflatter schwirrte die Fledermaus durch die Höhle und flog schließlich durch den Höhleneingang hinaus in die Finsternis.
»Hab Dank, Ngunyari! Wie konnte ich nur auf diesen Dämon der Finsternis hereinfallen. Wer weiß, was mit mir geschehen wäre?« flüsterte der verängstigte Mirragen.
»Vielleicht wäre es dir wie deinem Vater ergangen«, bemerkte Ngunyari und sah Mirragen nachdenklich an. Reglos und mit geschlossenen Augen saß dieser vor dem heiligen Feuer. Doch dann spürte er die geheimnisvollen, heiligen Kräfte Walangandas in sich wirken, die ihn endlich zu einem Wissenden, einem Ban-Mann werden ließen.
Auch die Medizinmänner saßen schweigend um das heilige Feuer und warteten geduldig auf die Rückkehr von Kaluru. Es war kurz bevor die Sonne die Finsternis vertrieb, als ein kalter Windstoß durch die Höhle fuhr. Die Flammen begannen wieder zu tanzen. Und mitten aus dem fackelnden Feuer kam wieder diese Stimme, die Stimme Kalurus:

»Hört Männer, ich bin wieder bei euch. Doch schlimm ist meine Nachricht. Yaobeda wurde von dem mächtigen Dämon Ganara, dem Bruder des noch viel mächtigeren Marmuh, gefangengenommen. Doch Yaobeda ist nicht der einzige, dem in dieser Nacht solch Schlimmes widerfuhr. Dem Klan der roten Känguruhs wurde eine Frau und ihr Neugeborenes geraubt und wie Yaobeda ins Reich der Dämonen der Finsternis verschleppt.«

»Wir werden dies nicht hinnehmen«, entzürnte sich Ngunyari. »Sie hat nie eines der Gesetze Walangandas gebrochen.«

»Ich weiß es, wir alle wissen es«, beruhigte Kaluru mit sanfter Stimme. »Seid sicher, sie werden ihren Weg ins Ahnenreich finden. Wuluwait hat es so beschworen. Doch wann dies sein wird, hängt nicht zuletzt von eurem geschickten Vorgehen ab. Denn ihr müßt helfen, Yaobeda und die Frau vom Klan der roten Känguruhs zu befreien.«

Ratlos sahen sich die Ban-Männer an und schüttelten die Köpfe. Kein Mensch hat jemals das Land der Dämonen betreten. Auch Kaluru schwieg eine ganze Weile, bevor sich seine Stimme wieder erhob: »Weil es so ist, wie es sein soll, werdet ihr im großen Yayari-Zauberritual alle magischen Kräfte durch mich erhalten, die ihr benötigt, um in das Land der Dämonen der Finsternis zu wandern. Doch Wuluwait hat entschieden, Yaobeda möge allein von seinem Sohn

Mirragen befreit werden. Um die Frau des roten Känguruh-Klans und ihr Geborenes muß sich Ngunyari sorgen. Die anderen Ban-Männer sollen zu ihren Leuten ins Lager zurückkehren und das große Schutz-Korrobori für die Nacht vorbereiten. Keiner darf den Platz des Lagers verlassen, nachdem die Finsternis gekommen ist. Erst wenn sich die Sonne wieder zeigt und wenn Mirragen und Ngunyari zurückgekehrt sind, wird die Gefahr durch die Dämonen gebannt sein. So hat Wuluwait gesprochen, und so soll es sein.«

Schweigend verließen die Ban-Männer die heilige Höhle, nur Mirragen und Ngunyari blieben an der Feuerstelle.

»Das ist gut so«, sprach Kaluru und begann zu erzählen. Ngunyari und Mirragen lauschten seinen Worten. Kaluru nannte ihnen den verzauberten Ort, wo sie den Eingang zum Land der Dämonen finden werden. Dann weihte er sie in das geheime Wissen der Magie ein, welches für ihren Schutz bestimmt war. Zuletzt erklärte er ihnen den Verwandlungszauber.

»Seid nun bereit«, klang Kalurus Stimme noch aus dem Feuer, und während es von neuem hochloderte, kam die Verwandlung über Mirragen und Ngunyari. Doch solches hatten sie noch nie gesehen und noch nie erlebt. Was mit ihnen geschehen war, lag weit jenseits ihrer Vorstellungskraft. Denn sie hatten

durch die Kraft der Zauberei die Gestalt der Knochengeister angenommen.
»Verhaltet euch klug und überlegen. Sprecht frech und dreist, damit die Dämonen der Finsternis keinen Argwohn schöpfen«, riet Kaluru noch und drängte dann zum Aufbruch.
Bald erreichten sie den großen, gewundenen Fluß und folgten ihm bis in die Berge. Bald auch sahen sie schon die andere Seite des Regenbogens, dessen Ende sich tief in die Schlucht, wo die Flußgeister leben, senkte.
Ngunyari und Mirragen hatten sich bis auf die Länge eines Speerwurfs dem Eingang zur Höhle der Finsternis genähert. Hier verabschiedeten sie sich von Kaluru. »Ihr sollt wissen«, sagte er noch, »uns Geistern aus Walangandas Klan ist es verboten, das Land der Geister des Finsteren zu betreten. Schreckliches und Furchtbares würde geschehen. Doch fragt nicht danach, ihr Menschen würdet es nicht verstehen.« Damit verschwand Kaluru.
Ngunyari und Mirragen schauten sich an. Ein langer, zögernder Blick, dann ein kurzes Nicken, und sie traten entschlossen in die Höhle ein. Weil ihnen Kaluru die Kraft des Sehens in der Nacht verliehen hatte, konnten sie alles in der Höhle erkennen. Leise schlichen die beiden Ban-Männer weiter.
»Halt!« rief da plötzlich eine krächzende Stimme. Ein alter Felsgeist trat aus einem Spalt hervor und

versperrte ihnen den Weg. »Wer hat euch erlaubt, unsere Höhle zu betreten?« fragte der Felsgeist grimmig und musterte Mirragen und Ngunyari mit böse funkelnden Augen.
»Wir haben eine wichtige Aufgabe zu erledigen«, antwortete Ngunyari schlau. »Welche Aufgabe ist denn so wichtig, daß sie erledigt werden muß, bevor die Dunkelheit über das Land kommt?« wollte der Felsgeist weiter wissen.
»Da mußt du Marmuh fragen, wenn du Auskunft haben willst! Wir dürfen darüber nicht sprechen«, antwortete Ngunyari nicht minder schlau. Bei dieser Rede erschrak der Felsgeist, begann zu zittern und ließ Mirragen und Ngunyari ihres Wegs ziehen.
Immer tiefer führte der Höhlenweg in das Reich der Dämonen hinab. Sie kamen nahe an den großen Wohnhöhlen derer vorbei, die die Erde beben machen. Sie kamen an den Wohnhöhlen derer vorbei, die das Feuer in der Erde brennen machen. Doch je weiter sie in der Höhle hinabstiegen, desto mehr verstummten alle Stimmen. An einem düsteren Platz, der keine Stimme und keinen Gesang und keinen Laut je gehört hatte, hielten sie inne. Denn in der Stille vernahmen sie von fern das Klagen einer Frau und das Wimmern ihres Kinds. Mirragen und Ngunyari erkannten sogleich, daß es die Frau vom roten Känguruh-Klan war.
Hier war sie also, festgehalten von den bösen Dämo-

nen der Finsternis, bewacht von zwei Feuergeistern, die sich in eine tiefe Felsgrube gekauert hatten und dort schliefen. Ihre wuchtigen Speere und Keulen hatten sie sorglos zur Seite gelegt. Ohne einen Laut pirschten sich Ngunyari und Mirragen heran, griffen flink nach den Speeren und stachen auf die Dämonen ein, bis diese leblos am Boden liegenblieben. Kaum daß die Fels- und Feuerdämonen besiegt waren, begann ein Freudengeschrei in der Höhle. Die Känguruh-Frau tanzte und sang, und mit einem Mal war auch die Stimme Yaobedas zu hören.

»Die Zeit drängt nun!« mahnte Ngunyari zur Eile. Geschwind verließen sie die Höhle der Dämonen der Finsternis und eilten über das weite Land zurück zur heiligen Höhle ihres Klans. Dort erwartete sie bereits Kaluru, der mit dem feierlichen Gesang der Ahnen erneut eine wundersame Verwandlung von Mirragen und Ngunyari von Knochengeistern in Menschen vollzog. Und Yaobeda und die Känguruh-Frau waren glücklich, denn erst jetzt konnten sie ins Ahnenreich wandern. Kaluru und Wuluwait haben sie begleitet. Und man sagt, daß es eine sehr schöne Reise gewesen sei.

## Wie Buliuana von den Menschen, die Menschen fressen, gefressen wird und wie der mächtige Zauberer Windinbigi jene bestraft

Es herrschte große Aufregung im Klanlager der Karimba. Niemand wußte, wo Buliuana geblieben war. Buliuana war ausgezogen, um nach dem geheimnisvollen Stein zu suchen. Längstens nachdem die Sonne siebenmal den Boden berührte, wollte er wieder zurück sein. Nun aber kehrte Bahlu, der Mond, schon ein erstes Mal wieder, und immer noch war Buliuana unterwegs. Und so machte sich Djambadu, der kundigste Fährtenleser des Klans, auf den Weg und folgte den Spuren Buliuanas. Doch in einem engen Tal endeten sie, und es war so, als wäre Buliuana nie gewesen.
Für Djambadu war es gewiß, daß Buliuana in die Falle von bösen Geistern geraten war. So sagten auch alle anderen Männer des Klans, und man entschloß sich, nach dem fähigsten Geisterfinder zu rufen. Schweigend saßen die Alten am Abend an der Feuerstelle und warteten auf Windinbigi, den großen Zauberer und Medizinmann. Als die Sonne den Boden berührte, traf auch der große Geisterfinder im Lager der Karimba ein. Er setzte sich zu den Alten

ans Feuer, sein Blick wanderte über deren sorgenvolle Gesichter.
»Was ist geschehen?« fragte Windinbigi.
»In der Nacht vor dem Tag, an dem Buliuana uns verließ«, erzählte Kameda, einer der Führer des Klans, »hatte er einen Traum, den er uns sogleich erzählte. Der Traum führte ihn in die Berge an einen verborgenen Ort. Dort sah er einen schwarzen Stein mit weißen Flecken. Buliuana glaubte, dies sei der geheimnisvolle Stein, von dem er schon einmal in einem Traum erfahren hatte. Damals hatte Yurlunggur, die Regenbogenschlange, von diesem Stein erzählt. Sie sagte: »Das ist der härteste Stein, den ich für euch Menschen gemacht habe. Wenn ihr ihn findet, so wird er euch von großem Nutzen sein.«
»Das war ein guter Traum. Doch nun bringt mir etwas, das Buliuana gehört, damit wir herausfinden, ob ihn die Geister bei sich halten.«
»Aber Buliuana hat alles mitgenommen«, antwortete Kameda, »seinen Speer, seine Netztasche, sein Känguruhfell.«
»Hat Buliuana einen Sohn?« fragte Windinbigi.
»Zwei«, antwortete Kameda. »Gut, dann bringt mir seine Frau.«
Kameda rief Buliuanas Frau herbei, die scheu und mit gesenktem Blick an die Feuerstelle, an der die Männer saßen, trat.
»Gib mir den Haarfetisch, den dir Buliuana bei der

Geburt des ersten Sohns geschenkt hat«, forderte Windinbigi und streckte der Frau seine Hand auffordernd entgegen.
Verschämt holte die Frau den Fetisch unter ihrem Schurz hervor und legte ihn in Windinbigis Hand. Der schloß die Augen und hielt Buliuanas Haarbüschel fest umschlossen. Wie gebannt schauten alle auf den großen Zauberer, der ohne sich zu bewegen vor dem Feuer saß. Nach einer Zeit begann seine Hand zu zittern. Langsam erhob sich Windinbigi und drehte sich mit ausgestrecktem Arm in alle Ecken des Himmels. Doch um so genauer er zu den Bergen zeigte, um so heftiger begann sein ganzer Körper zu zittern. Windinbigi nickte und setzte sich wieder. Dann schlug er die Augen auf und wandte sich den Männern zu.
»Ich habe Buliuanas Geist gefunden, er irrt in den Bergen und findet keine Ruhe.«
»Sagt uns Windinbigi damit, daß Buliuana tot ist?« wollte Kameda vorsichtig wissen. Windinbigi nickte nur mit dem Kopf.
Sogleich stürzte Buliuanas Frau zu Boden. Sie wälzte sich hin und her, schlug mit den Fäusten wild um sich, riß sich Haare aus und krallte ihre Finger in den trockenen Boden. Die anderen Frauen des Klans eilten herbei und brachten die Trauernde an ihren Lagerplatz zurück.
»Ist Buliuana von Geistern getötet worden?« wollte Kameda wissen.

»Nein,« sagte der Zauberer, »es müssen Menschen gewesen sein, denen wir noch nie begegnet sind.«
»Aber wir alle wissen doch, daß Yurlunggurs Berge nicht von Menschen bewohnt sind. Und hinter ihren Bergen beginnt das Ende der Welt. Dort sind nur noch die Schlafstellen von Bahlu, dem Mond, und Yhi, der Sonne«, meinte Kameda kopfschüttelnd und verzweifelt.
Windinbigi nickte zustimmend: »Vielleicht sind es nur zwei oder drei, die von irgendwoher unbemerkt in die Berge gezogen sind und dort ihr Unwesen treiben. Ich werde sie finden.«
»Wir gehen mit dir!« riefen die Männer, blickten wild und griffen nach den Speeren. Dann sangen sie ihr Kriegs-Korrobori.
Windinbigi hob beide Arme: »Ich werde allein gehen. Niemand von euch wird mich begleiten. Brauche ich eure Hilfe, so wird ein weißer Kakadu euch den Weg zu mir zeigen. Ruft ihn an, und nennt dabei meinen Namen. Er wird euch siebenmal antworten. Doch verliert keine Zeit mit Mißtrauen und Zweifel, sondern folgt ihm rasch, denn dann ist große Eile geboten!«
Dann stand er von der Feuerstelle auf, verließ, ohne noch einmal zurückzusehen, das Klanlager und verschwand im Busch. Als Windinbigi das flache Wasserloch am Fuße der Berge erreichte, hörte er das kecke Lachen des Kukaburra-Vogels. Dies sagte

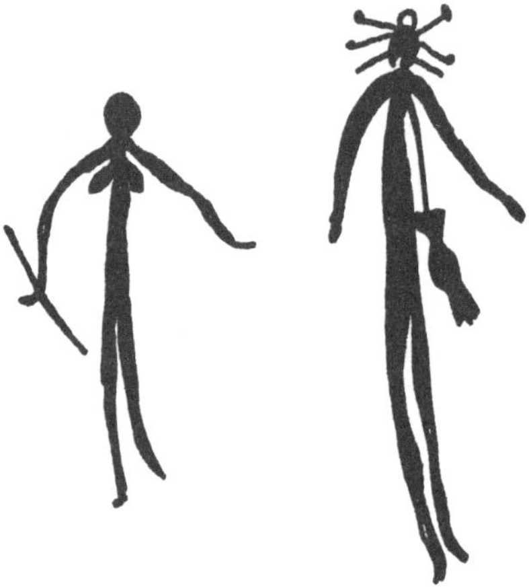

ihm: Hier ist der richtige Platz für den Yayari-Zauber. Windinbigi setzte sich an das Ufer des Tümpels. Aus einer Rindentasche holte er den magischen Kimba-Beutel hervor und öffnete ihn behutsam. Er legte die weißen Kristallsteine aus, legte Buliuanas Haarfetisch dazu und begann mächtige Zauberworte zu murmeln.

Sogleich geriet das Wasserloch in wilde Bewegung. Und dann begann es im Wasser heftig zu zischen. Voll Angst flog der kleine Kukaburra-Vogel davon. »Kurabele worala ehna«, brüllte der Zauberer in das schäumende Wasser, das sofort wieder still und glatt war. Doch auf dem Wasser zwischen den großen Blüten und den Blättern der dort wohnenden Pflanzen schimmerte ein Bild, das allein Windinbigi sehen

konnte: ein gewisser Platz in einem engen Tal zwischen hohen Bergen. Windinbigi starrte unablässig auf das Bild, das jetzt aber immer heller und heller wurde und schließlich ganz verschwand.
»Ich danke dir, Yurlunggur«, flüsterte der Zauberer über den Tümpel hinweg, »jetzt kenne ich den Ort, wo ich diejenigen finde, die Buliuana erschlagen haben.« Dann verließ er die Wasserstelle und zog dem Tal in den Bergen zu, das er nach langer Wanderung erreichte.
Schon eine ganze Weile beobachtete Windinbigi aus seinem Versteck heraus das seltsame Treiben der beiden Fremden, die vor ihrer Baumhöhle kauerten und Knochen um Knochen in ein prasselndes Feuer warfen. Mit der Kraft seines Zauberblicks erkannte Windinbigi, daß es Buliuanas Gebeine waren. Er trat aus seinem Versteck hervor und ging gleich einem alten Mann mit schwerem und langsamem Schritt auf die beiden zu.
»Da kommt ein Fremder«, flüsterte die Frau dem Mann zu, der sich nun erhob, um Windinbigi zu begrüßen. »Was führt dich hierher?« heuchelte er sorgenvoll. »Du mußt dich verlaufen haben. Dies ist eine wilde und fremde Gegend, und du siehst müde und schwach aus. Komm, setze dich an unser Feuer und ruhe dich aus.«
»Nein«, wehrte Windinbigi bestimmt ab, »ich bin fest entschlossen, ich ziehe weiter.«

»Aber wohin willst du?« wollte der Alte wissen und blickte Windinbigi mit listigen Augen an.
»Ich suche einen Freund. Vielleicht kennt ihr ihn? Sein Name ist Ingalwu.«
Die beiden zuckten. »Ingalwu ..., ja, ... ääh ... nein, nun, weißt du«, stotterten sie, »wir kennen ihn kaum. Du mußt wissen, wir wollen mit ihm nichts zu tun haben. Eigentlich sprechen wir nicht darüber, aber dir wollen wir verraten, was dein Freund so treibt.«
»Ingalwu, seine Frau und deren vier Beutelwölfe gehören zu denen, die Menschen fressen. Nimm dich also in acht vor ihnen.«
»Ich weiß das«, sagte Windinbigi ohne Rührung und sah in die verblüfften Gesichter der beiden. »Dennoch möchte ich wissen, wo ich Ingalwu finde.«
»Das können wir dir nicht sagen«, beteuerten sie, »Ingalwu zieht in den Bergen umher. Er ist mal hier, er ist mal dort.«
»Nun, wenn es so ist, werde ich Ingalwu nie finden«, bedauerte Windinbigi.
»Ganz bestimmt nicht«, heuchelte der Alte, »aber du kannst hier auf ihn warten.«
»Ach, wer weiß, wann er wieder kommt. Solange will ich nicht warten«, meinte Windinbigi müde.
»Du mußt nicht lange warten«, sagte er und seine Augen blitzten gefährlich auf. »Bleibe diese Nacht hier bei uns, wahrscheinlich wird Ingalwu kommen.

Er kommt immer, wenn Bahlu voll und rund ist. Denn du mußt wissen, daß dann unsere Jagdzeit ist. Während die Frauen die Kochgruben graben, Feuerholz sammeln und die Kochsteine heiß machen, gehen Ingalwu und ich auf die Jagd.«
Windinbigi war sich sicher, daß ihn der Alte nicht belog. »Gut, dann werde ich also warten«, sagte er.
»Du bleibst?« jubelten die Alten, umarmten sich und begannen wild zu tanzen. Darauf hatte Windinbigi gewartet. Unbemerkt schlich er sich in die Wohnhöhle der beiden und durchsuchte sie. Ein Skorpion huschte über seine Hand und verschwand in einer Erdspalte. »Da bist du«, stieß Windinbigi aus und holte unter einer Wurzel Buliuanas Schädel hervor. Still hielt er ihn in seinen Händen. »Sei ohne Sorge, ich werde dir den Weg ins Reich der Ahnen zeigen«, flüsterte er und steckte den Schädel in seine Rindentasche.
Mit einem Schlag verstummte draußen der Jubel. »Wo bist du?« riefen die Alten und blickten umher. Dann schoben sie suchend ihre Köpfe in die Höhle. Und schon geschah es: Windinbigis kräftiger Keulenhieb zerschmetterte sie.
Windinbigi nahm Buliuanas Schädel in beide Hände und sah ihn lange an. »Du mußt nicht länger ohne Ruhe umherwandern. Ich habe gerächt, was dir angetan wurde. Ich gebe dich jetzt in die Obhut von Wuluwait, dem Boten des Ahnenreichs.«

Kaum waren Windinbigis Worte gesprochen, begann der Schädel in seinen Händen zu zittern. Die Erde fing an zu beben, und ein Summen erfüllte die Luft. »Wuluwait ist da«, sagte Windinbigi beschwörend. »Nun geh mit ihm! Gehe! Gehe!«
Dann wurde es still und ruhig. Windinbigi wartete noch und sah den davonziehenden weißen Wolken nach. Dann machte er sich auf den Weg zurück. Auf dem dürren Ast eines alten Akazienbaums saß ein weißer Kakadu.
»Fliege zu den Karimba-Leuten und führe die Männer schnell zu mir«, befahl er dem Vogel, der seine Flügel ausbreitete und tat, wie ihm geheißen.
»Seht ihr Männer, seht!« riefen die Männer, »der weiße Kakadu. Hat dich Windinbigi geschickt?«
»Kraa, kraa«, krächzte der Vogel gleich einem Raben. Fünfmal, sechsmal, siebenmal.
»Das ist das Zeichen!« rief Kameda, »nehmt eure Speere, Windinbigi braucht unsere Hilfe. Und du, weißer Kakadu, zeige uns den Weg zu ihm.«
Noch bevor die Sonne den Boden berührte, hatten sie den großen Zauberer in seinem Versteck erreicht. Schweigend hörten sie seinen Erzählungen von den schlimmen Taten der Fremden zu.
Als Bahlu, der Mond, erwachte und sich langsam auf seinen nächtlichen Weg begab, lagen die Männer des Karimba-Klans in ihren Verstecken und warteten auf Ingalwu, seine böse Frau und die Meute sei-

ner Beutelwölfe. Es dauerte nicht lange, da tauchten auch schon Ingalwus Beutelwölfe auf. Gelb leuchteten ihre Augen im hellen Mondlicht.
»Wie sollen wir diese Ungeheuer töten?« flüsterte Kameda voll Angst.
»Das werde ich dir zeigen«, antwortete Windinbigi tapfer, pfiff durch die Zähne und warf den Bumerang. Im selben Moment zischten die Speere der Karimba-Leute durch die Luft und töteten die Wölfe.
Kaum daß dies geschehen war, hallte ein schauriger Ruf vom Berghang herüber. »Das ist Ingalwu, der nach seinen Wölfen ruft«, sagte Windinbigi leise und hielt mit ruhiger Hand sein Wurfholz. Alle starrten auf den Berg hinüber und sahen eine riesenhafte Gestalt sich schwerfällig und keuchend nähern: Ingalwu mit dem Wolfskopf, das ist der, der die Menschen frißt.
»Hö, hö, hö, höööö!« dröhnte es wieder aus seinem Rachen. Doch dann erschrakt der wilde Ingalwu. »Das sind doch meine Hunde?« lachte er laut auf. Windinbigi hatte die Schwänze der Wölfe abgeschnitten und in den Eingang zur Höhle gesteckt.
»Ha, haben sich meine Wölfe über die Alten hergemacht«, polterte er und kam mit schweren Schritten den Berg herab. »Wehe, ihr habt alles gefressen«, drohte er und schnaubte mit gierigem Blick der Höhle zu. Doch als Ingalwu die listige Täuschung Win-

dinbigis erkannte, traf ihn auch schon der Bumerang des Zauberers.
Es dauerte nur kurze Zeit, bis Ingalwus böse Frau den riesigen Spuren folgend über den Bergrücken stampfte. Lange, wild zerzauste Haare hingen ihr ins Gesicht, allein ihre scharfen Zähne und blutigen Lippen waren zu sehen. »He, Ingalwu, hast du schon alles aufgefressen? Steh auf!« keifte sie schrill. Doch ihr Gekeife war noch nicht verhallt, da stürzte, getroffen von Windinbigis Wurfholz, auch sie.
Dies war das Ende der Menschen, die Menschen fressen. Die Karimba-Männer sprangen auf, tanzten und stimmten zusammen mit Windinbigi das Sieges-Korrobori an.

## Wie die beiden Zaubermänner Djungun und Iwala sich auf die Suche nach dem Weg ins Ahnenreich machen und dabei von den Feuergeistern überfallen werden

Im Tal des roten Känguruhs Buluwa lebte in Abgeschiedenheit der große Ban-Mann Djungun, ein Medizinmann und Zauberer. Vor sehr vielen Monden war Djungun ausgezogen, um nach den großen Geheimnissen zwischen Himmel und Erde zu suchen. Im Tal des roten Känguruhs Buluwa hatte er sie gefunden. Seitdem weilte Djungun an diesem heiligen Ort. Seine Zeit verbrachte er damit, all die Erlebnisse und Offenbarungen, die er in seinen Träumen gesehen hatte, mit schwarzer, weißer und roter Erde an die Felswände zu zeichnen, damit die Söhne seiner Söhne und deren Söhne und Söhne sie lesen können.

Immer wenn Bahlu, der Mond, rund und voll und leuchtend war, kam Djunguns Sohn Iwala, auch er schon ein Medizinmann und in viele Geheimnisse eingeweiht, in die Höhle des Alten, der er den Namen »Schatten des Immer-Seins« gegeben hatte. Und wieder war Bahlu voll und rund, und wieder saß Djungun vor dem magischen Feuer, das flackernd und lodernd vor seiner Höhle brannte, und erwartete Iwala. Er richtete seinen Blick in sich hinein und sah Yurlunggur, die Regenbogenschlange, und er sah die große Flut, die einst alle Berge und Täler, alle Bäume, Büsche und Gräser überschwemmte, und er sah Bahlu, den Mond, und gleichzeitig Yhi, die Sonne.

Doch schon im nächsten Moment geschah, was noch nie geschehen war. Djungun erschrak und starrte über das magische Feuer hinweg auf die Höhlenwand, wo mit einem Mal Yhi gleißend hell dastand. Da warf sich der Zauberer auf den Boden und verbarg sein Gesicht in seinen Händen. Doch durch seine geschlossenen Augen und seine Hände hindurch sah er die Bilder vom Anfang der Zeit. Er sah, wie Baiame, der Schöpfergeist, das Land aus dem Wasser zog und zu Bergen formte oder zu Wüsten strich. Er sah, wie er den Bäumen befahl zu wachsen und den Kängurus zu springen. Er sah alle Geister und alle Menschen, die es je gegeben hat und die es gibt. Doch dann war es dunkel vor seinen Augen, und allein Bahlu stand noch still und groß und dick am Himmel.

Schnell griff er nach seinem Faserpinsel, tauchte ihn in die Rindenschale und malte, was er im Traum gesehen hatte.

Iwala hatte lange schon das Klanlager verlassen und kam auf seinem Weg zu Djungun an jene verborgene Wasserstelle, die nur sie beide kannten. Hier war

auch der Platz, an dem sich zuweilen die Klangeister ihres Stammes aufhielten. Plötzlich stand der große Adler vor ihm, breitete seine Flügel aus und flog über Iwalas Kopf hinweg. »Ob das wohl ein Zeichen vom Wächter des Ahnenreichs ist«, grübelte Iwala und sah nachdenklich hinüber zu den Bergen, in deren Richtung der Adler verschwand. Als die Sonne den Boden berührte, erreichte Iwala den Platz der »wartenden Ahnen«. Hierher brachte sein Klan die Leiber all jener, deren Geist den Weg ins Ahnenreich gehen.

»Hört, ihr Wartenden«, murmelte er leise über den Platz, auf dem die Schädel und Knochen der Verstorbenen lagen. »Die Träume haben uns geweissagt, daß Djungun, mein Vater, und ich, Iwala, sein Sohn, den Weg ins Ahnenreich finden werden. Habt also Geduld und harrt aus.«

Kaum waren Iwalas Worte verklungen, antwortete eine mächtige Stimme: »Sucht nicht hier, sondern jenseits von euch Lebenden im Land hinter dem Regenbogen.«
Verwirrt blickte Iwala nach allen Seiten, denn von allen Seiten schien die Stimme gekommen zu sein.
»Wer hat das gesprochen?« stammelte Iwala zaghaft und hielt mit beiden Händen seinen Zauberfetisch fest umklammert.
»Ich bin es, Wuluwait, der Bote aus dem Ahnenreich, doch du brauchst dich vor mir nicht zu fürchten. Setze dich vielmehr hierher und höre gut zu, denn was ich dir jetzt sage, ist für euch Menschen von großer Wichtigkeit. Ich, Wuluwait, bin euer Verbündeter. Jeder von euch Lebenden wird mich irgendwann einmal sehen, aber nur ein einziges Mal«, kam es zwischen den Knochen und Schädeln hervor.
»Jeder. Was willst du damit sagen?« wollte Iwala weiter wissen.
Und die Stimme aus dem Knochenfeld antwortete: »Ich führe jeden von euch über den Fluß der großen Offenbarung, drüben im Land hinter dem Regenbogen. Auf dessen anderer Seite befindet sich das Reich der Ahnen.«
Iwala nickte und schwieg.
»Ich weiß, was dich bedrückt, ich kann all eure Gedanken hören, und nichts bleibt mir verborgen.

Doch nach dem Willen Baiames müßt ihr Menschen selbst den Weg zum Fluß und über ihn hinweg finden. Erst wenn das geschehen ist, werde ich zur Stelle sein. Vergiß dann nicht, laut nach mir zu rufen. Und nenne mich bei meinem Namen. Doch nun geh zu Djungun, der dein Vater ist und auf dich wartet.«
Iwala tat, wie ihm geheißen. Mit schnellen Schritten lief er zum Tal des roten Känguruhs, und als Bahlu, der Mond, schon wieder die Ostberge berührte, kam er vor Djunguns Höhle an.
»Komm ans Feuer und höre mir zu. Ich habe dir Wichtiges zu sagen, denn wichtige Träume haben zu mir gesprochen, und Gewaltiges habe ich gesehen«, begrüßte der Alte seinen Sohn. »Doch wie ich sehe, ist auch dir ein großes Geheimnis gezeigt worden«, fuhr er fort und deutete hinüber zur Höhlenwand.
»Das ist Wuluwait, der adlerköpfige Wächter des Ahnenreichs. Er war auch hier, du hast ihn auch gesehen?« fiel Iwala seinem Vater in die Rede.
Djungun nickte und strich mit seinem Finger langsam unter den schwarzen Strichen seiner Zeichnung entlang. »Das ist der Platz, wo unser Klan lebt. Hier, vor dem großen Regenbogen. Dort, auf der anderen Seite ist das Land, das alle Geheimnisse hütet. Und genau hier muß der Weg über den Fluß ins Ahnenreich sein.«
»Hast du ihn gesehen?« wollte Iwala von seinem Vater wissen.

Djungun schüttelte den Kopf: »Er lag hinter aufsteigendem Nebel. Bevor ich den Weg über den Fluß genau erkannte, haben die Geister, die mir die Bilder geschickt haben, diese wieder genommen.«
Viele Male war Bahlu, der Mond, über das Land hinweggezogen, als Djungun und Iwala nach langer Wanderschaft den großen Regenbogen erreichten.
»Als Yurlunggur, die Regenbogenschlange, Baiame bei seinem Schöpferwerk geholfen hatte, da streifte sie ihre Haut ab und ließ sie als in vielen Farben schillerndes Zeichen über den Tälern und Bergen stehen, damit sich die Menschen zu allen Zeiten an sie erinnern.«
Iwala nickte stumm zu Djunguns Erzählungen, dann gingen die beiden ihres Weges. Wortlos folgte Iwala seinem Vater, der immer weiter in jene Richtung ging, wo die Sonne den Boden berührt, bevor es dunkel wird. Nach langer Wanderung standen sie am Ende der Welt.
»Jetzt sehe ich wieder die Bilder, die ich auch in meinem Traum gesehen habe, der Übergang über den Fluß ins Ahnenreich ist nicht mehr weit.«
»Dort drüben ist der Weg, jetzt kann auch ich ihn erkennen«, rief Iwala, vor dessen Füßen sich eine tiefe Schlucht auftat.
»Es ist nicht weiter als der Sprung eines Känguruhs«, schätze Djungun, »und dann wären wir im Land hinter dem Regenbogen. Doch haben wir die

Kraft und die Geschicklichkeit des Känguruhs?«
Weit unten ragte ein Feld in die Schlucht hinein, der gleich einer Brücke das jenseitige Land fast berührte. »Meine Träume haben mich sehr vieles sehen lassen, doch nicht diesen Fels. Das ist kein gutes Vorzeichen.«
»Es könnte eine Falle sein«, meinte Iwala vorsichtig, »doch wer mag sie uns gestellt haben?«
»Das werden wir herausbekommen«, antwortete Djungun und holte aus seiner Rindentasche den Zauberbeutel und aus diesem einen kleinen runden Stein hervor. »Den habe ich in unserem heiligen Tal gefunden. Baiame hat ihn am Anfang der Zeit Tya, der Erde, übergeben. Er hilft uns, wenn unsere Zweifel stärker sind als unser Wissen. Und er sagt uns, ob wir es mit guten oder bösen Geistern zu tun haben. Denn er wandelt seine Farbe: Ist er hell, so sind wir im Schutz guter Geister. Sobald er aber schwarz wird, sind übelgesinnte und böse Geister um uns.«
Dabei trat Djungun an den Rand der Schlucht. Gespannt blickten beide auf den kristallklaren Stein, der zuerst grau wie Asche und dann schwarz wie Pech wurde.
»Laß uns zurückgehen, dieser Ort ist voll von Unheil und Gefahren. Und den Weg über den Fels haben böse Geister in unsere Augen gezaubert. Würden wir ihn betreten, so wären wir ...«

»... schnell wie der Flug des Bumerangs bei uns«, unterbrach eine höhnische Stimme Djunguns Worte. Nur wenige Schritte vor ihnen stand ein Dämonenwesen, dreimal so groß wie Iwala, mit leuchtenden Moosen, die auf seinem runzeligen Kopf und den spitzen Ohren wuchsen, und mit häutenen Flügeln, durch die man hindurchsehen konnte. »Kennt ihr mich nicht?« kicherte das Ungeheuer weiter.

»Wenn du uns sagst, wer du bist«, antwortete Djungun mutig, aber seine Rede verwehte scheinbar ungehört im fauligen Atem des polternden Geists. Doch mitten in seinem Gelache und Gehöhne verstummte er und sah aus rot aufglühenden Augen auf die beiden Männer herab: »Ich bin ein Kinkihn, ein Feuergeist, ich stehe als Wächter meinem Herrn zu Dienst.«

»Und wer ist dein Herr, und was bewachst du?« wollte Djungun weiter wissen.

»Nun gut, ich will es euch verraten, aber sprecht mit niemand darüber. Es muß ein Geheimnis und unter uns bleiben. Hört also zu! Marmuh ist sein Name. Er ist ein sehr mächtiger Herr, denn er ist Herrscher über Dunkelheit und Finsternis. Sein Land ist weit wie die Wüste und noch viel weiter, denn sein Land ist die Unterwelt. Aber ich sehe, ihr seid begierig, von diesen Dingen zu erfahren. So kommt doch mit mir, ich werde euch führen und unsere geheimen Plätze zeigen.«

»Nein, nein!« wehrte Djungun ab. »Die Dunkelheit ist kalt, selbst Yhi, die Sonne, meidet diese Plätze, das Wasser schmeckt nicht frisch, sondern moderig, und wer die Wurzeln ißt, die in eurem Land wachsen, wird von Krämpfen geschüttelt und spuckt sein eigenes Blut. Nein, nein! Kein einziger Mensch bewohnt Marmuhs Unterwelt.«

Doch kaum, daß Djungun die geheuchelt höfliche Einladung des Feuergeists ausgeschlagen hatte, sprangen zuerst drei, dann vier und schließlich fünf Kinkihns aus der Schlucht hervor, und sie packten Djungun und Iwala an ihren Händen, an den Haaren, an den Füßen. Da war kein Entrinnen, denn der stinkende Atem der Feuergeister ließ all ihre Sinne starr und taub werden. Als Iwala und Djungun wieder erwachten, lagen sie in einer großen, düsteren Höhle. In deren Mitte kauerte eine ganze Horde von Kinkihns um ein von flackerndem Feuerschein glutrot glühendes Felsloch.

»Das sind die Ältesten ihrer Alten. Sie sitzen am Feuer, das nie erlischt, und beraten, was mit uns zu tun ist«, wußte der zauberkundige Djungun. Und große Angst kam über die beiden. Doch dann hörten sie neben sich ein zaghaftes Rascheln, das von keinem der riesigen Feuergeister kommen konnte. Und so war es auch. Eine Beutelratte mit klugen kleinen Augen blickte sie aus der Dunkelheit an: »Kommt, kommt, wenn ihr euer Ziel erreichen wollt, so müßt

ihr mir folgen. Seht, hier ist eine Spalte in der Höhlenwand, kommt, kommt!«
Und so taten Djungun und Iwala. Mit der Geschicklichkeit von Schlangen wanden sie sich durch die engsten Spalten, bis sie, geführt von der klugen Beutelratte, bis kurz vor die Grenze zur Oberwelt kamen.
»Newal wird euch weiterhelfen«, sagte die Beutelratte noch und sprang schon wieder davon.
»Wer ist Newal?« wollten Djungun und Iwala noch wissen, doch kaum daß der Name ausgesprochen war, löste sich ein Schatten von der Felswand und kam mit schleppend schweren Schritten auf die beiden zu. »Ich bin Newal, ein Kinkihn wie meine Brüder hinten in der Höhle, die ihr am immerflammenden Feuer gesehen habt. Doch sie haben mich hierher in die Felswand verbannt, zur Strafe, weil ich nicht so böse sein wollte wie sie.«
»Bedeuten deine Worte, daß du uns helfen wirst?« faßten die beiden neuen Mut.
»Nun, ich habe mich von meinen Brüdern losgesagt. Ich will nicht länger einer der Ihren sein. Doch ich bin alt, und meine Flügel sind zu schwach, um euch beide von hier fortzubringen.« Während der alte Newal so sprach, begann der Zauberstein in Djunguns Hand erneut zu glühen. Er, der schwarz war wie das Pech, wurde nun grau wie die Wolken, die den Regen begleiten. Und wie diese es tun, so wurde auch er immer heller und heller und leuchtete

schließlich weiß und blendend wie der Blitz, wenn er von Wolke zu Wolke springt.
Für Djungun war dies das Zeichen, daß er dem Alten vertrauen konnte. »Ich gebe dir ein Zaubermittel aus meiner Medizintasche, es wird dich jung machen und stärken.«
Und so geschah es auch. Djungun und Iwala sprangen auf den Rücken des einzigen guten Feuergeists, der stampfte mit mächtigen Schritten dem Ausgang der Höhle zu, stürzte sich kopfüber durch einen Felsenspalt hinaus in die Oberwelt und glitt mit weit schwingenden Flügeln durch die Luft, bis er nach langem Flug Djungun und Iwala an einem geheimen Platz absetzte.
»Ich kenne diesen Platz«, sagte Djungun. »Man hat ihn mir schon einmal im Traum gezeigt. Es ist da, wo der Weg hinüber ins Ahnenreich führt.«
Und so hatten sie erfüllt, was ihnen Wuluwait aufgetragen hatte.

## Wie Pandumara dem Adler Kian im Traum begegnet und dieser ihm befiehlt, dorthin zu ziehen, wo Yhi, die Sonne, den Boden berührt

Die alten Männer des Kalurungari-Klans standen auf und begannen gleichmäßig mit den Füßen auf den Boden zu stampfen. »Kaluru, Kaluru, Kaluru«, hallte das Freuden-Korrobori, mit dem sie ihren Stammvater ehrten. Für Pandumara war dies das wichtigste Ereignis in seinem bisherigen Leben. Denn während der Zeremonie wurde ihm der Djangun, der schwarze Gürtel aus Menschenhaaren, um die Hüften gebunden.

»Du hast alle Prüfungen bestanden«, sprach mit großer Würde Pandumaras Vater. »Nun bist du einer von uns! Nun bist du ein Kalurungari-Mann.«

In den folgenden Nächten, es wurden sieben gezählt, wiesen die Klanältesten Pandumara in die Geheimnisse ihres Stammes ein. Dann fiel er in einen tiefen Schlaf. Als am achten Tag sich Yhi, die Sonne, von ihrer Schlafstätte hinter den Bergen am Ende der Welt erhob, erwachte auch Pandumara.

Überrascht schaute er in die Gesichter der Klanmänner, die erwartungsvoll und schweigend um ihn saßen. »Was ist mit mir?« wollte Pandumara wissen.

»Was mit dir ist, das wollen wir von dir wissen«, entgegneten die Männer. »Wir spürten, wie sich eine geheimnisvolle, große Kraft über deinem Nachtlager ausbreitete. So wußten wir, daß die Geister und unsere Ahnen dir wichtige Träume schickten.«
»Yhi, die Sonne, war es«, begann Pandumara langsam und leise zu erzählen, »sie war viel größer als alle Berge, die wir kennen, und auch größer als alle Berge, die wir nicht kennen. Und als meine Augen durch das glühende Leuchten hindurchsahen, erkannte ich die Sonnengeister. Sie bewegten sich im Kreis und sangen dabei ein Korrobori. Doch Yhi ließ mich nur wenige Augenblicke dieses Geheimnis schauen, dann kehrte sie an ihren Platz am Himmel zurück.«
Pandumara hielt in seiner Rede inne.
»Und was geschah dann?« wollten die Alten wissen.
»Mir war, als sähe ich einen flüchtigen Schatten, der sich von den Sonnengeistern verabschiedete und aus Yhi herauskam. Der Schatten wurde immer größer, bis ich schließlich einen Vogel in ihm erkannte. Er flog geradewegs auf mich zu. Es war Kian, der Adler«, fuhr Pandumara fort.

»Du brauchst keine Angst zu haben«, rief er mir entgegen, »ich bin ein Bote des Himmels. Meine Brüder sind die Winde und die Wolken meine Schwestern. Yhi, die Sonne, ist meine Mutter, und Bahlu, der Mond, ist mein Vater. Aber höre nun gut zu, was ich dir zu sagen habe: Siebenmal werde ich deinen Platz umkreisen, bevor ich himmelwärts ziehe. Viele Dinge wirst du erleben und Großes schauen. Folge jeden Tag meiner Mutter dorthin, wo sie schlafen geht. Und bei Nacht gehe den leuchtenden Pfad meines Vaters. Verirre dich nicht auf deinem Weg, und gehe nie in die Schattenwelt von Tya, der Erde, denn dort hausen die Dämonen der Finsternis, die nach deinem und dem Leben der Deinen trachten. Dennoch ist es dir bestimmt, den Geist einer der Euren aus der Verbannung der Finsternis zu befreien. Yhi, meine Mutter, wird dir Sonnengeister schicken, die dir dabei helfen, dich zu führen, und dich beschützen. Für deine Tat wirst du reichlich belohnt werden, denn du wirst mit dem Wissen der Erkenntnis zu deinem Klan zurückkehren.« Während er dieses sprach, zog er seinen siebten Kreis um den Platz, an dem ich saß, dann schlug er kräftig mit seinen Flügeln und verschwand hinter den Bergen.«
Als Pandumara geendet hatte, schüttelten die Alten ihre Häupter und schwiegen. Pandumaras Vater fand als erster seine Sprache wieder. »So gewaltig haben noch nie Yari-Träume zu uns gesprochen.«

»Du bist dir gewiß, daß es Kian war, der dir im Traum erschien?« fragte ein anderer.
»Es war Kian, der Adler. Ich habe ihn gesehen und deutlich seine Rede gehört. Und er ist siebenmal über mir gekreist.«
»Gut, dann gibt es keine Zweifel mehr«, waren sich die Alten einig, »dann hast du eine Botschaft unserer Götter empfangen. Und deshalb soll Kian ab sofort als heiliges Klantier der Führer unseres Stammes sein.« Und Kalurungari, der Klanälteste, sprach: »Er soll der Mittler und unser Bote für die Geister im Ahnenreich sein.«
»So ist es gut, so soll es sein!« beschlossen die Männer, klatschten in die Hände und sangen das erste Korrobori zu Ehren Kians, des Adlers.
Pandumara rollte sein Känguruhfell zu einem Bündel, streifte die Rindentasche über und nahm Bumerang und Wurfspeer.
»Du folgst also dem, der im Traum zu dir gesprochen hat?« vergewisserte sich Pandumaras Vater, und er übergab seinem Sohn den Feuerstab des Klans. »Wir werden das Feuer hüten, bis du wieder zurück bist.« Die Alten nickten.
»Hört ihr alle, ich werde nicht warten, sondern aufbrechen und dorthin ziehen, wo Yhi sich schlafen legt, in jenem Land, das nur ein Mensch je betreten hat.«
»Das ist gut so. Und du wirst der zweite sein«, nickten die Alten wieder und wieder. »Und vergiß nicht

die Weisungen, die du im Traum von Kian erhalten hast. So wird dir nichts Schlimmes geschehen, und wir können in Freude deine Rückkehr in sieben Monden erwarten.«
»Nach sieben Monden?« fragte Pandumara mit großem Erstaunen.
»So ist es«, antwortete der Klanälteste, »für jeden Kreis, den Kian um dich zog, wirst du einen Mond fernbleiben.«
Pandumara nickte, und ohne weiter zu sprechen, verließ er das Lager.
Kaum daß er dem Platz seines Klans den Rücken gekehrt hatte, begannen die Männer ihre rituellen Zaubergesänge zu singen, die ihn auf seinem Weg noch eine ganze Weile begleiteten.
Viele Tage und ebenso viele Nächte war Pandumara schon dorthin gewandert, wohin ihn Kian geheißen hatte. Und mit jedem Tag und mit jeder Nacht zeigte ihm Yhi Neues: Wurzeln und Gräser, die besondere Heilkraft besaßen, Vögel, deren Gesang er noch nie hörte, Steine von besonderer Farbe und Form. Und mit jeder Nacht schickte ihm Bahlu, der Mond, Träume, in denen dann die Schutzgeister der Büsche, Bäume und Gräser zu ihm sprachen. So erfuhr Pandumara, welche Pflanzen für die Menschen als Nahrung gut sind, welche gegen Krankheiten helfen, wie man um ihre Heilkräfte bittet oder welche für den Menschen ungenießbar sind. Allein im Wald der

Bäume mit den roten Blättern und den roten Rinden wanderte er einen halben Mond hin und her. Denn im Traum erzählten ihm die Baumgeister von Tya, der Erde. »Behalte diese Geheimnisse für dich«, beschworen die Baumgeister jedesmal. Pandumara versprach es, verabschiedete sich und zog weiter.
Bald schon lag der schützende Wald hinter ihm, und vor seinen Augen breitete sich karges Grasland aus, das so weit reichte, wie Pandumaras Augen schauen konnten. Als er sich jedoch weiter auf seinen Weg machen wollte, da sah er, daß Wasserlöcher und Schlammgruben ihm den Weg versperrten. »Das ist also das Land, in dem Bunyip, das Ungeheuer der Sümpfe wohnt. Vielleicht lauert es auf mich und wartet nur, bis ich hier versinke, um mich dann zu fressen«, dachte er und wollte sich schon in die sicheren Wälder zurückwenden. Doch da erinnerte er sich an Kians Worte und an dessen Versprechen, daß ihm, Pandumara, mächtige Geister auf seinem Weg zu Hilfe sein werden. Er faßte neuen Mut und seinen Wurfspeer, den er mit großer Kraft in den schwarzen Schlamm rammte. Da spürte er, wie sich der Boden unter ihm leicht bewegte, dann war wieder Ruhe. Nur das Glucksen unter seinen Füßen konnte er hören, als er sich auf den Weg durch den Sumpf machte. Und wie Kian es versprochen hatte, so war es auch. Von Bunyip war nichts zu hören und zu sehen.

»Wahrscheinlich haben meine Schutzgeister das Ungeheuer der Sümpfe an einen anderen Ort geschickt oder in einen tiefen Schlaf fallen lassen«, dachte sich Pandumara erleichtert, als er einen flachen, trockenen Hügel jenseits des schwarz schimmernden Sumpfs erreichte. Und als er sich umsah, erkannte er, daß seine Spur nicht die eines Menschen, sondern die gewundenen Linien einer Riesenschlange waren.
»Bin ich auf dem Rücken von Yurlunggur, der Regenbogenschlange, gegangen?« überkam es ihn, und er begann am ganzen Leib zu zittern.
Kaum war dieser Gedanke gedacht, da begann auch schon die Erde zu beben, und das Sumpfland hob und senkte sich, als ob es nach langem Schlaf sich gähnend streckte. Es war ein großes Gedonner und Getöse, das alle kleinen und großen Vögel auffliegen ließ. Pandumara, der immer noch zitterte, lief zu einem kleinen Busch, unter dem er sich verstecken wollte.
»He, das ist mein Platz«, fuhr ihn ein Beutelwolf an, der sich wohl auch schon hierher geflüchtet hatte.
»Wie kannst du die Sprache der Menschen sprechen, und wie kommst du überhaupt hierher«, wollte Pandumara von dem zotteligen Tier wissen.
»Weil ich ein verzauberter Mensch bin, den böse Geister hierher verbannt haben.«
Mit einem Mal erinnerte sich Pandumara an Kians

Worte und daß sie davon sprachen, daß er einen Verzauberten befreien müsse.
»Baiame, großer Schöpfergeist! Wenn in diesem Wolf eine Menschenseele wohnt...«
Der schien voll großer Freude zu sein, wieder mit einem Menschen sprechen zu können. Er wedelte mit dem Schwanz, sprang an Pandumara hoch und wollte nicht mehr von seinem neuen Freund lassen. Doch dann begann eine große Unruhe sich seiner zu bemächtigen, und so, als ob er etwas suche, lief er hierhin und dorthin. Nach einer Weile blieb er stehen und begann im Boden zu scharren.
»Komm hierher!« rief der Wolf, hier ist ein sicherer Platz, und die Erde hat auch aufgehört zu beben. Hier können wir uns setzen und miteinander reden.«
Und so begannen sie, miteinander zu sprechen. Endlich fragte Pandumara: »Wer hat dich verzaubert, und wie konnte das geschehen?«
»Es ist jetzt nicht an der Zeit, über mein unglückliches Dasein zu sprechen. Nicht weit von hier haust in einem Erdloch eine alte Frau, die von einem bösen Geist besessen ist. Sie fängt Giftschlangen und Feuerechsen und ernährt sich von ihnen. Sie scheut das Licht von Yhi wie eine Eule, wenn aber Bahlu über den Himmel zieht, entzündet sie in ihrem Erdloch ein großes Feuer, um Marmuh, den mächtigsten Dämon der Dunkelwelt, zu ehren. In dieser Nacht wird sie wieder das Feuer entzünden. Doch

genau dann, wenn die Flammen am höchsten lodern, wirfst du deinen Speer nach ihr. Verfehlst du die Alte, sind wir in großer Gefahr. Nimm dann sofort dein Wurfholz und ziele genau. Sie muß am Feuer getötet werden und in ihr Feuer fallen, damit sie dort verbrennt. Nur so ist der Fluch von mir zu nehmen. Es war ein Erdgeist, der mich einst in die Gestalt eines Beutelwolfs verzauberte.«

»Sei gewiß«, entgegnete Pandumara mit großer Entschlossenheit, »die Alte wird Marmuh schon bald das letzte Feuer entzünden. Komm, sei mutig, führe mich zu ihr!«

Und so machten sich Pandumara und der Wolf auf den Weg zum Erdloch der Alten. Bahlu, der Mond, ließ die wandernden Schatten der beiden immer kleiner werden, und schon bald standen sie vor ihrem Ziel.

Die Alte kam, ihre Zaubergesänge krächzend und ihre Rituale tanzend, aus der Erdhöhle. Mit einer lodernden Fackel brachte sie das Feuer zu einem Holzhaufen, der im nächsten Augenblick aufflammte. Pandumara zögerte nicht. Mit aller Kraft schleuderte er seinen Wurfspeer auf die Alte, die kopfüber in die zum Himmel züngelnden Flammen stürzte.

Mit einem Mal war es still wie nie zuvor. Der Wind hielt inne, und selbst Bahlu, der Mond, goß sein Licht heller als je über das Land. Pandumara blickte sich um: »Wo ist mein Freund der Wolf geblieben?«

»Hier bin ich«, kam eine Stimme hinter einem Fels hervor. Und dann erblickte Pandumara auch schon einen großgewachsenen Mann. »Die Meinen nennen mich Guia, doch das ist lange her. Ich komme vom Walamba-Stamm. Ein böser Geist, der in einer Alten hauste, hat mich einst verzaubert.« Da stimmten beide den großen Dankgesang an, um Baiame, den Schöpfergeist, zu ehren.
Und so saßen sie zusammen und erzählten sich die Geschichten, wie jeder zu diesem Platz gekommen war. Und als Yhi, die Sonne, hinter den Bergen erwachte, war die Zeit gekommen, sich zu trennen. Denn Guia zog es vor, sich sofort auf den Weg zu seinem Klan zu machen. Und so verabschiedeten sich die Männer, und jeder ging seines Weges.
Bald stand Pandumara wieder vor dem schwarzen Sumpfland Bunyips, das er auf seiner alten Fährte sicher wie auf dem Hinweg durchquerte.
Aller Sorgen los, zog er weiter, hinüber in den Wald der roten Bäume zu seinem alten Lagerplatz. Dort strich Mayra, die Frühlingswindfrau, über ihn hinweg und ließ ihn in einen tiefen Traum versinken: Kian, der Adler, war mit einem Mal über ihm und zog langsam seine Kreise. Pandumara konnte klar sein Rufen hören.
»Du hast deine Prüfung bestanden. Du bist ein Wissender geworden. Du bist ein Eingeweihter geworden. Viele Geheimnisse des Sichtbaren und des

nicht Sichtbaren hast du erfahren. Kehre zurück zu deinem Stamm, und gib die Geheimnisse und Offenbarungen an jene weiter, die ihrer würdig sind. Kehre zurück, die Deinen warten auf dich!«
Dann zog der Adler einen letzten Kreis, Pandumara erwachte aus seinem tiefen Traum und machte sich auf den Weg. Als er bei den Männern des Kalurungari-Klans in deren Lager angekommen war, war Bahlu genau siebenmal klein und wieder groß geworden. Es war, wie Kian es vorhergesagt hatte. Und so feierten sie zusammen das große Freuden-Korrobori.